A Journey through the Book of Genesis for the Family

가정을 위한 창세기 여행

예정원(Jesus' Garden)은 예수님의 정원이라는 의미로 어린이들이 전인격적이고 영적인 성숙과 발달을 이루어가는 예수님이 돌보시는 어린이의 동산을 의미합니다.

예정원은 어린이교육선교 운동으로 신학, 교육, 영성이 조화를 이루어 어린이를 예수님께로 인도하는 초 교파적이며 복음적인 어린이 교육선교 운동입니다.

예정원교회교육연구원은 새로운 어린이 교육선교 운동에 일익을 감당하고자 기독교 어린이교육에 대한 교육 선교사역을 위하여 설립되었습니다.

예정원 사역에 대한 자세한 문의는 경기도 구리시 교문동 212-10 4층 예정원교회교육연구원(전화 031-551-6041, 6042)로 문의해 주시기 바랍니다.

www.Jesusgarden.net

가정을 위한 창세기 여행

A Journey through the Book of Genesis for the Family

2016년 12월 1일 초판 1쇄 인쇄

2016년 12월 1일 초판 1쇄 발행

지은이 이정규

발행처: 예정원교회교육연구원

발행인: 이정규

경기도 구리시 교문동 212-10 예정원 빌딩 4층

Tel 031-551-6041 | Fax 031-551-6042

ljk6247@hanmail.net

www.Jesusgarden.net

등록번호: 398-2011-000018

출판신고: 2011. 12. 22

책 값은 표지에 있습니다.

ISBN : 979-11-958659-1-8 93230

가정을 위한 창세기 여행

이정규 지음

 예정원교회교육연구원

A Journey through the Book of Genesis

for the Family

Lee Jung Ku

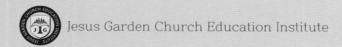 Jesus Garden Church Education Institute

| 차례 |

어느 시대를 막론하고 그 사회의 문화적 기초를 형성하는 시대정신이 있다. 세계관과 철학이 가장 기본적인 요소인데 현대사회는 다원주의와 상대주의로 대변되는 포스트모더니즘이 근간을 이룬다. 다원주의의 양상은 전체적이어서 현대의 사회, 문화적 기초가 하나의 세계관과 사상체계로 기초를 이루지는 않는다. 모더니즘, 포스트모더니즘, 상대주의, 실존주의, 다문화 등등 다양한 관점과 사상의 각축장과 혼합의 형태가 현대 사회의 모습이다.

이러한 사회 문화적인 현상이 가장 영향을 주는 영역이 가정과 교회이다. 현대의 가정은 다양한 사상을 기반으로 한 문화적 영향으로 그 정체성이 모호해지고 있으며 우리나라의 가정관은 혼란을 겪고 있다. 이러한 현상은 교회 안의 그리스도인 가정에도 나타나고 있다. 교회는 세상에서 부름을 받았으나 세상 속에 있다. 세상의 가치관과 사상이 대중적인 문화를 통해 교회 안으로 유입되고 있다. 교회는 흔들리지 않는 진리인 말씀을 가지고 있지만 세상의 세계관은 문화를 통해 말씀이 뿌리를 내리지 못한 영역에서 교회와 그리스도인 가정 안으로 유입되고 있다.

하나님의 말씀으로 굳건히 세워지는 가정에서만 우리 자녀들은 진리 안에서 바르게 자랄 수 있다. 어떻게 말씀을 통해 가정을 바르게 세우는데 도움을 줄 수 있을까?

기도하면서 찾던 중 창세기의 이야기가 적합하다고 생각했다. 창세기는 하나님의 모든 역사의 시작을 기록한 책으로 천지창조, 인류의 기원, 타락, 심판, 부르심, 무엇보다 하나님이 가정을 통해 언약 공동체를 세워가는 시작과 전개를 보여준다. 또한 창세기의 내용은 이야기로 구성되어 있어 쉽게 접근할 수 있다. 창세기의 이야기를 가정의 관점에서 흐름과 전개를 따라가다 보면 가정에 대한 성경적 원리를 알 수 있을 것이다. 그래서 이 책은 가정의 관점에서 창세기를 이야기로 접근한다. 가정을 삶의 여정으로 이해하고 창세기를 스토리텔링(storytelling)의 방식으로 따라간다. 스쳐 지나가듯 가족 언약 공동체의 관점에서 놓치지 않고 따라가면 창세기에서 보여주는 가정의 모습이 보일 것이다. 관련된 성화들은 시각적으로 창세기의 내용을 볼 수 있도록 도와 줄 것이다.

이 책은 예정원교회의 가정예배를 위한 모임에서 시작한 것을 정리한 것이다. 예정원교회의 가정들이 없었다면 나올 수 없었다. 십 수 년을 부족한 목회자를 믿고 작지만 소중한 공동체를 만들어가는 예정원의 교우들에게 감사한다. 미국에서 교정을 본 사랑하는 딸 재희에게도 감사한다. 또한 부족한 자를 신뢰하면서 가정을 이루어 인생 순례의 동반자로 여정을 같이하는 윤성자 사모에게 감사한다. 무엇보다 우리를 본향으로 이끄는 하나님께 모든 영광을 돌린다.

예정원(Jesus Garden)의 서재에서   2016. 11. 26.
이정규 목사

창세기1:1-13

태초에 하나님이 천지를 창조하시니라(창1:1)

하나님이 보시기에 좋았더라(창1:12 하반절)

1. 천지 창조

천지창조(Giovanni di Paolo, 1445)

성경은 하나님이 천지를 창조하였다고 선포한다. 이것은 우리가 성경에서 하나님을 발견하는 것이 아니라 하나님의 뜻을 알아 삶에 적용하는 모습을 가져야 함을 보여준다. 가정에서 성경을 읽고 예배를 드리는 것은 하나님의 존재여부를 생각하는 것이 아니라 하나님의 뜻이 무엇인지를 알고 거룩하게 구별된 가정 생활을 통해 삶 속에서 위안과 안식을 얻는데 목적이 있다. 가정예배는 우리의 안식이 되어야 하고 하나님의 품에서의 쉼이며, 가정 안에서 기쁨과 평강을 누리는 터전이어야 한다. 가정에서의 하나님 경외는 진실하고 정직해야 한다.

창세기 1장의 하나님 창조사역에는 창조 질서가 있다. 질서는 아름다움이며 하나님의 모든 창조물은 그 질서 위에서 삶을 영위해 나간다. 가정에도 하나님이 부여한 질서가 있다. 아버지는 아버지로서의 역할이 있고, 어머니는 어머니의 역할이 있다. 자녀들도 가정의 질서 안에서 자신의 위치와 역할이 있다. 현대 사회가 이러한 질서를 무시하여 가정이 파괴되었고 이러한 현상은 나라와 사회에서 극도의 이기주의와 개인주의를 만들었다. 하나님 안에서 가정이 바로 세워지는 것이 바른 인성을 가지는 터전이 되고 나라와 사회가 건강한 모습을 가지는 첩경이다.

하나님은 창세기 1장에서 자신이 창조하신 피조세계를 향해 똑같은 감탄사로 말씀한다. "보시기에 좋았더라"는 창조세계의 아름다움을 하나님께서 기뻐한다는 것을 보여준다. 자녀들은 부모들이 낳았지만 하나님이 우리에게 준 생명의 선물이다.

여러분의 자녀는 보기에 어떠한가? 보기에 좋은 구석이 있는가? 자녀가 성장하면서 자랑스러운 부분이 있는가 하면 실망하는 부분도 있을 것이다. 인간의 죄 된 본성은 언제나 실망스러운 모습만 부각되게 만들어 자녀를 바라보는 시각이 부정적인 방향에 중점을 두는 경향을 가지게 한다. 이러한 생각이 스칠 때 하나님의 말씀을 기억하자. '보시기에 좋았더라' 우리의 자녀는 우리의 말과 행동을 자양분으로 해서 인성이 자라간다. '보시기에 좋았더라'라는 하나님의 감탄은 우리 자녀에게도 적용되는 부분이다. 여러분의 자녀에게 이 '보시기에 좋았더라'를 발견하고 감탄하라. 우리와 자녀가 달라질 수 있는 출발점이 될 것이다.

생각하기

1) 성경의 첫 장 1절은 무엇을 말합니까?

2) 창조기사에 나타난 질서는 무엇인가요?

3) 가정에는 어떤 질서가 있습니까?

4) 하나님이 천지를 창조한 때의 감탄사는 무엇입니까?

5) 가족 구성원을 볼 때 감탄사가 나오는 부분은 어떤 부분입니까?

함께 기도하기

태초에 하나님은 온 세상을 질서있게 창조하였습니다. 가정에도 하나님이 주신 질서가 있습니다. 나는 가정의 질서를 위해 무엇을 해야 합니까? 나는 가정에서 어떤 책임과 의무가 있습니까? 어떻게 실천할 것인지를 기도하면서 구체적으로 생활에 적용해 보세요.

창세기1:14-31

하나님이 그들에게 복을 주시며 이르시되 생육하고 번성하여 여러 바닷물에 충만하라 새들도 땅에 번성하라 하시니라(창1:22)

2. 생명 창조

동물들의 창조(Il Tintoretto, 1550)

하나님이 우주를 만들 때 반복적으로 '좋았더라'고 감탄한 것은 우주가 질서 가운데 창조되었고, 생명은 우주적 질서와 조화 안에서 생육하고 번성하라는 말씀(창1:20-22; 28)을 통해 생명 확장의 기쁨을 보여주는 감탄사이다. 우주는 질서와 조화 속에서 생명의 탄생과 번성을 위해 준비되어졌고, 생명은 질서적인 환경 안에서 생육하고 번성하라는 축복을 하나님께 받음으로 생명에 대한 축복이 하나님께로 왔음을 알 수 있다. 이것이 하나님이 보시기에 심히 좋아 하나님이 탄성을 발하신 이유이다(창1:31). 우리가 생명 현상을 관찰하면 하나님이 자연환경을 통해 생명의 번성과 확장을 준비한 세심한 배려를 발견한다. 예를 들면 새들이 알을 낳는 둥지의 형태를 보면 생명의 보호와 안전, 확장과 번성을 위해 준비된 부분임을 알 수 있다. 둥지의 모습은 생명에 대한 세심한 배려 속에서 어미들이 얼마나 하나님의 말씀을 따르는지를 알게 한다. 주변 환경과의 완벽한 조화 속에서 원형의 둥지에 타원형의 알들이 어미가 잘 품을 수 있도록 적당하게 모습을 갖추고 모여있는 새의 둥지는 하나님이 생명세계에 주신 생명에 대한 말씀의 현현임을 깨닫는다. 모든 생명은 하나님이 허락하신 환경적인 배려와 상호작용을 통해 성장, 발달해 간다.

이러한 자연세계 안에 하나님이 조성하신 환경과의 상호작용을 통한 생명에 대한 배려와 우리 가정의 모습을 비교하면 어떠한가? 우리 가정의 자녀들은 가정이라는 둥지에서 생명이 확장되고 번성할 수 있는 환경적인 배려와 상호작용을 통해 자라가고 있는가? 물론 여기서 인간은 생물학적 영역에서의 생명 확장보다도 심리적, 인성적, 영적인 영역에서의 생명 확장이 더 중요한 부분을 차지한다. 그러나 인간 본성의 타락은 생명의 확장과 번성을 위한 가정이라는 둥지를 파괴하고 수 많은 자녀에게 고통과 상처를 가지고 살아가게 만들고 있다.

가정의 분열은 원래 하나님이 계획한 부분이 아니다. 가정은 생명을 배양하고 확장시키는 둥지가 되어야 한다. 가정은 생물학적, 인성적, 영적으로 생명이 하나님 안에서 자라는 보금자리가 되어야 한다. 이것이 가정을 향해 하나님이 심히 좋아하시는 이유이다. 우리의 가정은 어떠한가? 우리 부모는 자녀의 생명을 확장하고 번성시키기 위해 환경적인 배려와 깊은 상호관계 안에서 가정생활을 누리고 있는가?

생각하기

1) 하나님이 보시기에 좋았던 부분은 어떤 부분일까요?

2) 하나님은 생명을 창조하고 무엇이라 말씀하였나요?

3) 하나님은 종류별로 생명을 만들고 어떤 복을 주었나요?

4) 우리 가정이 하나님께 받은 복은 무엇이나요?

5) 하나님을 믿는 가정은 어떠해야 할까요?

함께 기도하기

하나님은 가정에 복을 주시며 생육하고 번성하며 땅에 충만하라고 말씀하였습니다. 우리 가정이 하나님의 복을 누리기 위해 생물학적, 인성적, 영적으로 서로 나누고 지켜야 될 부분은 무엇일까요? 나누고 기도하면서 생활에 적용해 보세요.

창세기1:26-29

하나님이 자기 형상 곧 하나님의 형상대로 사람을 창조하시되 남자
와 여자를 창조하시고(창1:27)

3. 아담 창조

아담의 창조(Michelangelo, 1512)

삼위일체 하나님은 자신의 모습을 닮은 인간을 남자와 여자로 창
조하였다(창1:27). 하나님이 우리라는 복수형을 사용한 것이 삼위의
하나님임을 보여준다. 성부, 성자, 성령 하나님의 완전한 관계성과
교제 안에 거하시는 모습은 하나님의 형상으로 창조된 인간의 본질
적인 부분을 이룬다. 인간이 하나님의 형상을 가졌다는 것은 관계성
을 가지고 살아가도록 창조되었다는 것이다. 인간은 혼자서는 살 수
없고 관계성 안에서 서로 주고 받으면서 살아가도록 형성된 존재이
다. 이러한 관계성이 형상화되어 나타나는 요소들이 인성 덕목들이
다. 여기서 하나님의 형상은 인간에게 인성이라는 영역으로 드러난
다. 인성 자체가 관계성이라는 핵심적 요소를 포함하고 있기 때문이
다. 인간의 덕목인 사랑, 의, 선함, 긍휼, 자비, 믿음, 양선, 절제, 충
성 등은 하나님의 형상을 반영한다. 이러한 덕목들은 삼위일체 하나
님 안에서 완전한 관계성으로 나타난다.

　그러나 인간은 근원적으로 인성 덕목에 대한 영역이 완전하지 못
하며 심지어 왜곡되어 있다. 이것은 인간 타락으로 인해 하나님의 형
상이 왜곡되고 오염된 결과이다. 그러나 그리스도의 구속에 대한 믿
음은 그리스도인의 바른 인성이 자랄 수 있는 터전을 마련해준다. 성
령 하나님이 우리 가운데 내주하심으로 주의 음성에 귀 기울이며 순
종하고 실천한다면 우리의 인성은 바르게 형성될 것이다. 이러한 은
혜는 그리스도인의 가정에 주어진 특별한 권리이다.

　현대의 삶이 복잡해지고 사회적인 어려움으로 교육은 인성을 강조
한다. 통합 유아교육과정인 누리과정도 인성에 대한 교육을 심도 있

게 다루고 있다.

그러나 일반교육에서 다루는 인성교육의 기반은 불완전한 인간의 사상과 철학에 기반을 둠으로 인성교육이 용두사미의 모습으로 끝나는 경우가 대부분이다. 그렇지만 성경에 기반을 둔 인성교육은 삼위일체 하나님의 완전한 관계성 안에서 인간이 하나님의 형상인 인성이 형성되어 있음을 보여줌으로 인성교육의 기초가 흔들리지 않는다. 특히 그리스도인은 완전한 교사인 성령 하나님이 내주한다. 그러면 우리 자녀들의 인성교육은 어떠한가? 하나님은 부모에게 자녀들의 인성교육을 맡기었다. 우리 자녀의 인성교육은 가정에서 어떻게 실천되어야 하는가?

참된 인성교육은 변하지 않는 하나님 말씀에 기초하여 부모가 가정에서 삶의 습관적인 모델로 본을 보임으로 시작된다. 이것은 인성덕목에 대한 직접적인 교육으로 되지 않고 간접적으로 부모가 일상적 삶을 살아가는 가운데서 스며든다. 부모의 삶의 양식과 습관, 태도와 자세, 선택과 결단 등이 자녀의 인성에 부모도 모르게 영향을 준다. 그리스도인 부모가 하나님 말씀에 감동 받고 말씀대로 살아가는 삶의 자세와 태도를 견지하는 것이 자녀가 하나님의 말씀 안에서 자신의 인성을 만들어가는 과정이 되게 한다. 부모의 언행이 말씀 안에서 일치될 때 자녀는 말씀 안에서 그리스도인의 인성이 형성되어 간다.

생각하기

1) 하나님이 자신의 형상과 모양으로 사람을 창조한 의미는 무엇일까요?

2) 왜 남자와 여자로 창조하였을까요?

3) 가족 구성원의 인성에서 강점은 무엇인가요?

4) 가족 구성원의 연약한 인성은 어떤 영역이 있을까요?

함께 기도하기

하나님은 우리를 하나님의 형상으로 창조하였습니다. 이러한 하나님의 형상에는 인성 덕목들이 있습니다. 여러분의 인성덕목 중 강점과 연약한 영역은 무엇입니까? 어떻게 강점 인성을 발전시키고 연약한 인성을 보완할 수 있을까요? 서로 나누고 기도하면서 생활 속에서 실천할 방안을 찾아보세요.

창세기2:1-17

선악을 알게 하는 나무의 열매는 먹지 말라 네가 먹는 날에는 반드시 죽으리라 하시니라(창2:17)

4. 인간에게 주신 언약

에덴동산의 아담과 하와(Wenzel Peter, 1745-1829)

하나님은 만물의 창조를 마치고 일곱째 날에 안식하였다. 안식일은 하나님이 창조사역을 다 마쳤음을 공포하는 날로 하나님은 이날을 복되고 거룩하게 하였다. 이날 하나님의 자녀들은 일을 쉬고 예배로 교제하며 하나님의 선하신 창조사역의 완성을 기뻐하면서 하나님과 함께하는 날로 지킨다. 모세 시대의 안식일 제정은 십계명에 명시되어 있는데 그 날은 모든 주의 백성에게 속한 생명(남종, 여종, 가축, 손님 등)이 하나님 안에서 영적 교제와 쉼을 얻는 날로 나타난다.

신약시대의 안식일은 예수님이 안식일의 주인으로서 나타나고 있다(마12:8). 주님의 부활, 승천이 진정한 의미의 안식을 성취함으로 초대교회는 안식 후 첫날을 주일로 지킨다. 인간은 하나님의 형상으로 창조되어 하나님과의 안식일을 통한 영적 교제와 쉼은 인간의 깊은 갈망이 채워지는 복된 날이 된다. 이런 안식일의 개념이 가정에서도 필요하다. 가정에서 한 날을 정해 가정예배를 드리는 것은 가정의 분주한 일을 쉬고 하나님 안에서 가족 구성원들이 영적 안식을 누릴 수 있는 시간이 된다. 이러한 가정예배와 기도는 가정생활을 거룩하게 하고 복된 가정을 만드는 기반이 된다.

하나님은 에덴 동산에 아담과 하와를 두고 에덴을 경작하게 하였다. 인간의 본래 소명은 정원을 가꾸는 일로 우리는 이것을 문화명령이라 말한다. 에덴동산 중앙에는 생명나무와 선악을 알게 하는 나무가 있었다. 하나님은 아담에게 선악을 알게 하는 나무의 실과를 먹지 말라고 하면서 먹는 날에는 반드시 죽을 것이라 하였다(창2:16-17).

그 외의 모든 나무 실과는 아담과 하와에게 주었고 그 나무 중에는 영생을 선물로 주는 생명나무 실과도 있었다. 하나님은 아담이 인격 안에서 책임감을 가지고 자신과 교제하시기를 원하였다. 선악을 알게 하는 나무 실과는 하나님과 교통할 수 있는 언약적 바운더리(울타리)이다. 바운더리는 경계를 의미하는 것으로 도덕과 윤리의 기준과 척도가 된다. 바운더리는 유아의 인성이 자라나는데 있어서 질서를 부여해 주는 틀이 된다. 바운더리가 확실히 정립되지 못하면 유아의 인성은 무질서의 혼란을 경험하여 다양한 인성 영역에서 정체성의 혼란으로 나타난다.

우리 자녀들이 가정에서 성장할 때 도덕적인 바운더리(울타리)를 설정해 주는 것은 자녀의 인성 발달에 있어서 중요하다. 도덕적 바운더리는 발달과정에 따라 형태, 모습, 그리고 강도를 다르게 설정해야 하며 어떤 영역에서 바운더리를 설정해 줘야 하는지 결정해야 한다. 모든 그리스도인에게 하나님의 말씀은 확실한 도덕적 바운더리이다. 하나님의 말씀은 영원히 변하지 않는 진리이다. 유아기 때에 하나님의 말씀을 통한 바운더리의 제공은 자녀의 인성과 인격을 훈련하는데 중요한 역할을 한다.

생각하기

1) 왜 하나님은 일곱째 날 복을 주고 거룩하게 하였을까요?

2) 하나님은 창조사역을 마치고 안식하였는데 안식일은 어떤 의미를 가지고 있나요?

3) 우리는 안식일을 어떻게 보내야 할까요?

4) 하나님이 동산 중앙에 선악을 알게 하는 나무 실과를 먹지 말라고 하였는데 왜 그랬을까요?

함께 기도하기

하나님은 우리가 인격과 책임감을 가지고 자라기를 원합니다. 책임감을 가지고 내가 가정에서 감당할 부분은 어떤 영역이 있을까요? 가족 구성원들이 서로 지켜야 할 약속과 책임감을 가지고 한 주간을 살아야 할 부분이 있다면 어떤 영역인가요? 서로 나누고 기도하면서 생활에서 실천할 방안을 찾아보세요.

창세기2:18-25

아담이 이르되 이는 내 뼈 중의 뼈요 살 중의 살이라 이것을 남자에게서 취하였은즉 여자라 부르리라 하니라(창2:23)

5. 하와의 창조

하와의 창조(Michelangelo, 1508-1512)

하나님의 모든 창조는 선하고 좋았다. 그러나 유독 창2:18절은 사람이 혼자 사는 것이 좋지 않더라고 하나님은 충격적으로 말씀한다. 그래서 하나님은 아담을 위한 돕는 배필을 생각하였다. 아담을 깊이 잠들게 한 후 하나님은 아담의 갈빗대 하나를 취해 살로 채우고 여자를 만들어 아담에게로 이끌어 온다. 에덴동산에서 최초의 결혼을 하나님이 제정한 것이다. 그래서 결혼은 신성하며 거룩하다. 하나님 앞에서의 결혼 서약은 하나님께 서원한 것과 같다. 결혼제도는 사회 문화적 관점과 자연적인 입장에서 만들어진 제도가 아니라 하나님의 뜻과 계획 속에서 만들어진 제도이다. 남자가 부모를 떠나 아내와 합하여 한 몸이 됨으로 가정은 시작된다(창2:24). 여기서 남자가 부모를 떠난다는 의미는 진정한 의미에서 독립을 말하며 성숙한 성인의 인격을 갖춘 것이다. 또한 한 몸을 이룬다는 것은 부부가 영적, 인격적, 육체적으로 하나가 되어진다는 아담의 탄성이 성취됨을 말한다(창2:23).

그러나 현대의 결혼은 개인주의의 득세와 이기적인 욕심과 자기애의 추구로 파국에 이르는 경우를 많이 본다. 이러한 결혼의 파기를 통한 가정 붕괴는 자녀들에게 많은 아픔과 상처를 준다. 아이들이 받은 상처와 고통은 평생에 걸친 고통의 옹이로 남는다. 가정은 생명이 자라는 장소로 하나님이 제정한 결혼의 울타리는 든든해야 한다. 아무리 개인의 성격 차이와 실수가 있다 할지라도 부부가 서로를 하나님이 허락하신 배필로 받아들이고 서로가 조율한다면 건강한 가정을 이루어 갈 수 있다. 설사 상대방이 부족하고 연약한 부분이 있을지라도 믿음으로 하나님을 바라보며 인내한다면 하나님이 예비하신 선한 것을 맛보게 될 것이다. 하나님은 선하시므로 하나님의 뜻을(여기서는 결혼을 지키기 위해) 위해 기도하며 주님을 바라본다면 하나님은 그의 삶에 특별한 위로와 평안으로 답할 것이다. 중요한 것은 하나님을 끝까지 얼마나 더 사랑하고 신뢰하느냐의 문제이다.

하나님이 없는 현대의 가정들은 결혼 생활에 어려움이 닥쳤을 때 든든한 버팀목이 없음으로 자신이 정한 한계를 넘어서면 결혼관계가 파국으로 치닫는다. 그러나 그리스도인 가정은 영원히 불변하는 하나님을 바라보면서 끝까지 신뢰함으로 자녀들을 통해 좋은 열매를 맺어 갈 것이다.

생각하기

1) 하나님은 아담이 혼자 사는 것을 어떻게 보았습니까?

2) 왜 하나님은 아담을 깊이 잠들게 한 후 갈빗대를 취해 여자를 만들었나 요?

3) 남자가 부모를 떠나 아내와 합하여 한 몸을 이룬다는 것은 무슨 의미일 까요?

4) 에덴동산에서 하나님이 제정한 결혼과 세상 사람들이 생각하는 결혼관 에는 어떤 차이가 있을까요?

함께 기도하기

하나님은 결혼제도를 제정해 주었습니 다. 결혼의 단단한 결속은 건강한 가정을 만들어 줍니다. 여러분은 남편과 아내로 어떤 관계를 가지고 있나요? 결혼관계를 어떻게 하면 강하게 만들어 줄까요? 자녀 들은 아빠, 엄마에게 어떤 관계를 바라고 있나요? 서로 나눈 것을 가지고 함께 기도 하세요.

창세기:3:1-24

내가 너로 여자와 원수가 되게 하고 네 후손도 여자의 후손과 원수가 되게 하리니 여자의 후손은 네 머리를 상하게 할 것이요 너는 그의 발꿈치를 상하게 할 것이니라 하시고(창3:15)

6. 인간의 타락

인류의 타락과 낙원으로부터의 추방(Michelangelo, 1508~1512)

선한 하나님의 창조세계에 사단(뱀)을 통해 죄가 들어왔다. 죄는 하나님의 목적에서 빗나가는 것으로 인간이 하나님의 뜻에 불순종하는 완고함이다. 죄를 통한 인간 타락은 교묘한 속임수를 통해 인간의 자만과 교만을 부추기고 하나님의 말씀을 거역하는 데서 시작되었다. 사단은 뱀을 통해 언약 대상자인 아담에게 직접적으로 접근하지 않고 하와에게 간접적으로 접근하여 거짓말을 한다. 하와는 하나님 말씀에 자신의 생각을 더하거나 덜한다. 사탄은 정면으로 하나님의 뜻에 반대되는 신념을 제시하면서 하와의 마음에 피조물의 바운더리(울타리)를 넘어서도록 유혹한다. 하와의 마음에 탐심과 욕심이 생기자 의지가 여기에 굴복하고 행함으로 죄를 짓는다. 하와는 아담을 유혹함으로 참여시킨다. 죄의 결과 아담과 하와는 부끄러움과 수치심을 가지게 되고 순결한 하나님의 낯을 피해 숨어 적대한다. 아담과 하와는 자신의 죄를 인정하지 않고 변명하면서 죄책을 다른 인격에게 전가한다. 죄의 결과로 아담과 하와는 저주를 받고 인생에서 고통과 죽음을 경험하며 흙으로 돌아간다(창3:1-19).

죄의 결과는 비참하지만 창3장에는 인간 본성의 어두운 부분만이 아니라 소망의 영역도 보여준다. 하나님의 영원한 계획 안에서 인간을 향한 자비와 사랑, 구원의 계획 나타나 있다. 하나님은 사단(뱀)을 향해 여자의 후손과 원수가 될 것을 말하면서 여자의 후손이 사단(뱀)의 머리를 상하게 할 것이고 사단(뱀)은 그의 발꿈치를 상하게 할 것(그리스도의 고난과 죽으심)이라고 말한다.

유일하게 여자의 후손으로 오신 예수 그리스도는 사단의 권세(머리)를 발 아래 둠으로 하나님 구원의 역사를 결정적으로 성취하였다. 또한 창3:21절은 아담과 하와의 수치를 가리기 위해 하나님은 동물을 희생하여 가죽 옷을 지어 입힌 말씀이 기록되어 있다. 이는 생명의 희생을 통해 죄(수치심)가 가리움을 받게 됨을 보여준다. 이것은 구속의 그리스도에 대한 모형이다. 창3장에는 인간 타락의 모습과 예수 그리스도를 통한 구원(복음)의 역사를 생동감 있게 보여주는 구속의 드라마이다.

창세기 3장을 우리 가정에 적용해 본다면 다음과 같은 질문에 성실하게 답해야 할 것이다. 우리 가정에서는 죄의 영향력이 어떻게 나타나는가? 죄가 우리를 유혹하는 과정을 어떻게 파악하고 거룩하고 순결한 가정을 지킬 수가 있는가? 우리의 자녀를 죄에 흔들리지 않는 심지가 견고한 아이들로 어떻게 양육할 수 있는가?

생각하기

1) 사단(뱀)이 어떻게 아담과 하와를 유혹했나요?

2) 아담과 하와가 죄를 지은 결과는 무엇인가요?

3) 하나님은 사단에게 죄의 결과에 대해 무엇이라 말씀하였나요?

4) 하나님은 하와에게 죄의 결과에 대해 무엇이라 말씀하였나요?

5) 하나님은 아담에게 죄의 결과에 대해 무엇이라 말씀하였나요?

6) 창3:15, 창3:21절 말씀은 우리에게 무엇을 말씀하고 있나요?

함께 기도하기

죄가 우리 가정에 어떤 영향을 주고 있으며 가족 구성원에게는 어떤 유혹을 통하여 들어오고 있나요? 서로에게 어떤 죄의 유혹과 약한 부분이 있는지 나누고 이야기해 보세요. 어떻게 하면 서로가 죄의 유혹에서 우리 가정과 자신을 지킬 수 있는지 나누고 같이 기도하세요.

창세기4:1-15

네가 선을 행하면 어찌 낯을 들지 못하겠느냐 선을 행하지 아니하면 죄가 문에 엎드려 있느니라 죄가 너를 원하나 너는 죄를 다스릴지니라 (창4:7)

7. 가인과 아벨

가인과 아벨(Il Tintoretto, 1550-1553)

아담과 하와의 타락 이후 하나님은 에덴 동산에서 아담 부부를 내보내면서 가죽옷을 지어 입힌다(창3:21). 하나님이 아담 부부의 수치를 어떤 동물의 희생을 통해 덮었음을 보여준다. 이것은 예수 그리스도가 죽음으로 우리 죄의 수치와 부끄러움을 덮어 주었음을 보여주는 예표이다. 그래서 아담은 하와와 동침하여 가인을 낳을 때 "내가 여호와로 말미암아 득남하였다"라고 외쳤을 것이다. 여자의 후손을 통한 구원의 소망을 아담은 가인을 통해 기대했을 것이다. 그러나 가인은 동생 아벨을 시기하고 질투하여 동생을 죽였다. 죄의 결과로 인한 인간 가정의 끔찍한 불화의 시작이었다. 가인은 땅의 소산으로 아벨은 자기 양의 첫 새끼로 하나님께 예배를 드렸다. 하나님은 아벨의 예배는 받았지만 가인의 예배는 받지 않았다. 아벨은 진심을 다해 신령과 진정으로 예배를 드렸지만 가인은 하나님을 중요하게 보지 않았을 것이다. 하나님은 가인에게 경고 하기를 "죄가 너를 원하나 너는 죄를 다스리라"고 말씀한다(창4:7). 그러나 가인은 죄를 다스리지 못하고 동생을 살해한다. 최초의 살인은 가정에서부터 시작되었다.

죄가 직접적으로 타격을 준 곳은 하나님께서 거룩하게 제정한 가족제도 안에서였다. 현대의 가정이 파괴되고 불화가 생기는 원인은 여기에 있다. 가정불화의 원인은 가족 구성원간의 시기, 질투, 불신, 의심이 만들어낸 결과이다. 부부간의 시기와 질투는 자녀들에게 영향을 준다. 자녀들이 가정에서 받은 영향은 거의 무의식적인 기질로 형성되어 자녀가 성인이 되어 가정을 이루었을 때 다시 나타난다.

여기서 모든 사회, 문화적인 악순환이 세대에 걸쳐 반복됨으로 역기능적 가정들이 만들어진다. 이러한 역기능적 가정이 많아진 사회는 문화를 통해 부정적인 이미지를 흡수하여 그 사회의 통념적인 얄팍한 가정에 대한 세계관을 형성한다.

그러나 그리스도인은 이러한 죄의 권세에서 해방된 자유인이다. 그리스도인의 가정은 죄를 다스릴 줄 알아야 한다. 하나님은 예수 그리스도를 섬기는 가정에 죄를 다스릴 수 있는 능력과 권세를 주었다. 우리의 가정이 그리스도와 동행하며 성령 충만한 순종의 삶을 살아간다면 가정을 파괴하는 어떤 죄의 유혹이 와도 넉넉히 승리할 수 있다. 부부 사이, 부모와 자녀 사이, 형제들간의 사이, 시 부모 사이, 친인척들간의 사이에 죄로 인한 시기와 질투가 틈을 타지 못하게 하자. 그리스도인 가정은 성령의 능력과 위로로 하나님이 함께하시며 사랑으로 섬길 수 있는 능력 있는 가정이 되어야 한다.

생각하기

1) 왜 하나님은 아벨의 예배는 받고 가인의 예배는 받지 않았나요?

2) 하나님이 가인에게 "죄가 너를 원하나 너는 죄를 다스리라"고 말씀한 것은 어떤 의미인가요?

3) 가인이 땅에서 유리하는 자가 될 것이라고 말했을 때 왜 하나님은 가인에게 표를 주었나요?

함께 기도하기

가정 불화의 시작은 가족 구성원 사이의 시기, 질투, 불신, 의심이 생기면서 시작됩니다. 우리 가정은 구성원 사이에 어떤 관계성으로 연결돼 있나요? 서로에게 부정적인 관계를 느끼고 있다면 진실하게 이야기를 나누고 관계성을 회복시킬 수 있는 방안을 위해 기도하세요.

창세기4:16-26

셋도 아들을 낳고 그의 이름을 에노스라 하였으며 그 때에 사람들이 비로소 여호와의 이름을 불렀더라(창4:26)

8. 가인과 에녹성

가인이 에녹성을 쌓다(Maarten de Vos, 1583)

가인은 하나님께 저주를 받아 땅에서 유리하는 자가 되었다. 가인의 마음은 죄로 인해 하나님과 사람을 두려워 하게 되었고 이러한 두려움에 대한 방어기제로 에녹성을 쌓게 되었다. 성은 도시문화의 시작을 알리는 신호탄이었다. 도시문화는 두려움에서 시작되었다. 하나님의 문화명령은 인간이 모여 살면서 자기 힘의 과시나 두려움을 방어하기 위해 성을 쌓는 것이 아니라 하나님이 창조하신 세계를 관리하고 다스리는 것이었다(창1:28). 가인과 그의 후손들은 성을 쌓고 그 안에서 자녀들을 낳아 번성하기 시작했다. 가인의 자손들은 두려움에 대한 반항과 방어로 인간 중심적인 세속적 문화를 일으키는 주역이 되었다. 야발은 가축 치는 자의 조상이 되었고, 유발은 수금과 퉁소를 잡는 자의 조상, 두발가인은 구리와 쇠로 여러 가지 기구를 만드는 조상이 되었다. 또한 이들의 아버지 라멕은 일부다처제의 시작과 가인보다 더한 폭력과 살인을 저질렀어도 오히려 자신의 죄악을 자랑하는 교만을 드러내고 있다. 가인의 후손이 일으킨 하나님을 모르는 세속적인 문화는 인간 타락의 두려움과 반항을 보여준다.

문화의 기반을 이루고 있는 것은 사상과 철학이다. 사상과 철학은 문화라는 옷을 입고 표현되고 삶의 형식으로 나타난다. 세속적인 문화가 담고 있는 사상과 철학은 무신론적이며 인본주의적이다. 하나님을 향하여 적대적이며 반항적이다. 하나님과의 관계를 속박으로 이해한다. 현대의 우리 자녀들도 이러한 세속적인 도시문화 안에서 자라나고 있고 특히 청소년들은 많은 영향을 받고 있다. 자신의 정체성이 확립되는 중요한 시기에 세속적인 문화를 통해 무신론적이며 인본주의적인 사상과 철학을 흡수하며 방황하게 되는 것이다. 그 근본에는 하나님을 잃어버리고 유리하는 가인의 마음이 있다.

그리스도인의 가정은 이러한 세속문화에 우리의 자녀가 무분별하게 노출되도록 하면 안된다. 세속문화에 대한 분별력을 길러주는 것이 그리스도인 가정에서 자녀에게 행할 문화적 사명이다. 성경은 하나님이 아벨 대신에 셋을 아담가정에 허락함으로 셋의 가정을 통해 여호와의 이름이 알려지도록 하였다. 셋의 후손을 통해 나중에 경건한 노아가 탄생하고 하나님은 인류를 홍수로 심판할 때, 노아 가족을 통해 인류 구원을 예비한다. 그리스도인 가정은 믿음의 가문을 만들어야 한다. 세속문화에 휩쓸려 살아가는 자녀들이 아니라 하나님을 경외하며 하나님이 기뻐하는 문화적 소명을 충실히 이행할 수 있는 자녀들로 자라가게 해야 한다.

생각하기

1) 왜 가인은 성을 쌓았나요?

2) 가인의 자손들은 무엇을 했나요?

3) 라멕은 왜 가인의 벌은 칠배이고 자신의 벌은 칠십칠 배라 말했을까요?

4) 하나님은 죽은 아벨 대신에 셋을 허락하였는데 왜 셋의 자손들은 여호와의 이름을 불렀을까요?

함께 기도하기

우리 가족이 세속문화에 가장 많은 영향을 받는 부분은 어디일까요? 서로 진실하게 이야기를 나누고 기도하면서 한 주간 세속 문화에 깊이 빠져 있는 부분을 구체적으로 변화시킬 수 있는 방안을 계획해 실천해 보세요.

창세기5:1-32

에녹이 하나님과 동행하더니 하나님이 그를 데려가시므로 세상에 있지 아니하였더라(창5:24)

9. 셋의 후손과 에녹

하나님이 에녹을 데려가다(Gerard Hoet, 1728)

아담 가정에 하나님은 아벨을 대신하여 셋을 주셨다. 성경은 세속적이고 하나님 없는 문화를 일으킨 가인 후손의 계보(족보)는 침묵한다. 하나님의 관심은 여호와의 이름을 부르는 셋의 후손에 있다. 이는 하나님이 자신의 이름을 부르는 가정에 특별히 관심을 가지고 있다는 증거이다. 아담- 셋- 에노스- 게난- 마할랄렐- 야렛- 에녹- 므두셀라- 라멕- 노아로 이어지는 아담의 계보에서 강조되고 있는 것은 이들이 고대 시대에 장수를 누렸지만 언제나 마지막은 죽음으로 끝나고 있다는 것이다. 아담이 지은 죄의 결과로 그의 모든 후손은 죽음이 지배하고 다스린다. 이것은 셋의 후손도 마찬가지였지만 에녹은 예외였다. 에녹은 하나님과 300년을 동행하며 자녀를 낳았고 하나님은 에녹을 데려가 그는 세상에 있지 않았다(창5:21-24). 에녹이 보여준 삶의 모습은 인간이 타락하기 전 하나님께서 인간에게 원하시는 모습이었다.

셋의 후손 라멕은 자신이 낳은 아들의 이름을 노아라 지으면서 하나님의 저주로 수고롭게 일하는 자신들을 노아가 위로할 것이라고 말한다(창5:29). 이는 셋의 후손들은 하나님을 경외하며 구원을 소망하는 믿음을 가지고 있었다는 것을 보여준다. 성경에서 가인의 후손들이 세속적인 문화를 일으킨 다음에 하나님에 대한 신앙이나 죄에 대하여 구원의 소망이 없는 것과는 대조를 이룬다. 구원의 소망이 없는 개인이나 사회는 자기 마음과 소견 대로 행함으로 부정과 불법으로 향한다.

하나님은 믿음의 가정들에 특별한 관심을 가지고 계신다. 믿음의 가정들이 하나님을 경외하고 섬긴다면 하나님은 우리의 자손들을 통해 축복한다. 비록 죄로 인한 타락의 결과로 사망의 권세와 세속적인 무신론적 문화 안에 우리의 가정이 노출 되어 있어도 하나님을 경외하는 신앙의 삶은 우리 자녀들의 자세와 태도에 중요한 영향을 준다. 에녹은 우리의 삶에 본이 된다. 에녹이 살았던 시대에도 세속적인 문화는 팽배하였지만 그는 하나님과 동행함으로 세상에 있지 않았다. 에녹의 삶은 그의 자손들에게 영향을 주었고 노아가 탄생하기까지 셋의 가문은 경건한 가문의 모습을 유지하였다.

우리 가정은 하나님과 동행하고 있는가? 부모 된 우리가 하나님의 뜻을 구하며 찾고 있는가? 부모가 진지하게 주님과 동행하는 삶을 구하고 찾는다면 자녀들도 이러한 모습을 보면서 주님을 따르는 삶을 구하게 될 것이다.

생각하기

1) 셋의 후손은 오랫동안 지상에서 살았지만 죽었어요. 왜 죽게 되었을까요?

2) 에녹은 하나님과 300년 동안 동행함으로 하나님이 데려 가셨어요. 에녹이 하나님과 동행한 삶의 모습은 어떤 모습이었을까요?

3) 창5:28-29을 읽고 라멕이 노아에 대해 말한 것이 무엇인지 생각하고 서로 이야기를 나누세요.

함께 기도하기

가족 구성원이 서로 본 받을 수 있는 믿음의 본이 있는지 이야기를 나누세요. 우리 가정의 믿음의 가훈을 같이 나누어 정하고 어떻게 가훈을 생활 속에서 실천할 수 있는지 방안을 계획하고 실천을 위해 같이 기도하세요.

믿음의 가훈 정하기:

창세기6:1-22

노아가 그와 같이 하여 하나님이 자기에게 명하신 대로 다 준행하였
더라(창6:22)

10. 인간의 타락과 노아

노아의 방주로 동물들이 들어가다(Jacopo Bassano, 1570)

가인의 후손과 셋의 후손은 땅 위에서 번성하기 시작했다. 유리하던 가인의 후손은 세속적인 문화를 일으켰고 셋의 후손은 여호와 하나님을 섬기는 후손이 되었다. 그러나 이들이 번성하면서 서로 혼인하기 시작했고 그들의 자손은 고대 세계에서 용사로 이름을 드러냈다. 여기서 용사란 의를 수호하는 사람이 아니라 무법자를 말하며 폭력으로 자기 유익을 구하는 자들을 의미한다. 여호와 하나님은 모든 인간이 육신이 되어가고 즉, 영적으로 하나님을 찾거나 구하지 아니하고 죄악이 세상에 가득하여 인간의 생각이 악함을 보시고 심판을 내리기로 결정한다. 여기서 셋과 가인 가문의 혼인은 영적 타락과 인격적 타락을 가져왔음을 알 수 있다.

그리스도인이 가정을 이루는데 있어서 믿는 자와 가정을 이루는 것이 자녀들의 영적 삶에 있어서 중요한 부분임을 보여준다. 믿는 자와 믿지 않는 자가 멍에를 같이 멜 수 없다. 같은 멍에를 멜 때 선함으로 나가는 것이 아니라 악으로 기우는 경향이 크다. 이는 인간 타락의 본성이 작용하기 때문이다. 죄의 영향을 받은 인간의 본성은 하나님을 찾으며 선을 행하기 보다는 하나님 없이 자아를 추구하는 경향이 강하다. 셋 가문의 타락은 믿지 않는 사람들과의 혼인에서 시작되었다.

그러나 노아는 하나님께 인정을 받았다. 노아는 하나님 보시기에 의인으로 하나님과 동행하는 삶을 살았다. 하나님은 노아에게 홍수로 땅을 심판할 것이고 말하면서 방주를 만드는데 규격과 크기, 방주에 들어갈 동물들을 종류별로 보존하라고 말씀한다. 또한 하나님은 노아와 언약을 세우고 노아는 하나님이 말씀하신 모든 것을 묵묵히 준행한다(창6:18, 22). 노아 가정을 통한 하나님의 구원 방주 이야기는 신약과 마찬가지로 구약에서도 구원은 하나님의 언약에 대한 믿음에 있음을 보여준다.

노아는 하나님 언약에 대한 믿음을 하나님이 말씀하신 모양과 뜻대로 방주를 만듦으로 증거한다. 믿음으로 노아는 보이지 않는 일에 경외함으로 말씀에 순종하여 세상을 정죄하고 믿음으로 의의 상속자가 되었다(히11:7). 노아는 모든 인류의 구원이 믿음으로 되는 길을 열었다. 120년 동안 노아의 가족이 배를 만들며 준비하는 과정은 하나님 언약에 대한 신뢰와 믿음의 증거를 나타낸다. 그 시대의 풍조를 따르지 않고 하나님의 말씀에 순종하는 삶의 자세와 모습을 우리에게 보여준다. 이러한 노아의 모습을 성경은 의인이라고 말한다. 의인은 믿음으로 말미암아 살리라(합2:4).

우리 가정은 어떠한가? 그리스도를 믿는 가정으로 믿음의 행함을 보여주고 있는가? 아니면 믿음의 가정이라는 이름뿐인 모양만 가지고 있는가? 우리는 자녀들에게 하나님의 언약에 대한 믿음을 행함으로 보여야 한다. 행함이 없는 믿음은 죽은 믿음이다(약2:26).

생각하기

1) 하나님의 아들과 사람의 딸들의 결혼 결과는 무엇입니까?

2) 사람의 죄악이 세상에 가득함을 하나님은 어떻게 생각하고 느끼시며 결단했습니까?

3) 노아가 하나님께 은혜를 입었다는 뜻은 무엇일까요?

4) 하나님의 언약에 노아는 어떻게 반응했나요?

함께 기도하기

하나님이 우리에게 주신 언약이 무엇인지 이야기 나누세요. 우리 가족이 하나님의 언약을 믿음으로 구체적으로 실천할 수 있는 방안을 기도하면서 계획하고 선언문을 작성해 보세요.

언약 선언문:

하나님께:

가족에게:

창세기7:1-24

　　여호와께서 노아에게 이르시되 너와 네 온 집은 방주로 들어가라 이
세대에서 네가 내 앞에 의로움을 내가 보았음이니라(창7:1)

11. 홍수와 노아의 방주

홍수 (Jan Brueghel il Vecchio, 1600)

하나님은 온 세상을 홍수로 심판하기로 결심하였다. 그러나 노아의 가족은 하나님의 은혜로 심판에서 구원받았다. 하나님은 노아에게 이 세대에서 네가 내 앞에서 의로움을 보았다고 말씀한다(창7:1). 노아의 의는 하나님 언약에 대한 믿음의 의였다. 노아는 하나님의 언약을 믿고 순종함으로 홍수 심판에서 구원 받는 첫 조상이 되었다. 이러한 노아의 모습은 예수 그리스도를 믿는 신자의 예표가 된다. 하나님은 예수 그리스도를 통해 새로운 언약을 주셨다. 이 언약은 예수 그리스도가 하나님이 인류에게 준 유일한 구원자임을 알아 믿음으로 자아를 추구하는 삶에서 돌이켜 하나님의 뜻(예수 그리스도를 믿고 따르는 삶)에 순종하는 삶이 영원한 생명을 얻는 유일한 길임을 말한다. 여기서 인간의 공로나 행위, 노력은 배제된다. 오직 그리스도가 이룬 구속사역(태어나심, 가르치심, 생애, 십자가의 고난, 죽으심, 부활하심, 승천하심)에 대한 우리의 믿음으로 받는 은혜를 통해 구원은 이루어진다. 믿음은 우리의 행위나 노력에 의한 것이 아니라 주어지는 것이고 은혜를 받는 통로와 수단이 된다. 이러한 믿음을 가지고 하나님의 뜻대로 살아가는 것이 하나님이 유일하게 인정하는 의인의 모습이다. 노아의 삶과 행위에는 이러한 의의 모습이 나타난다.

하나님의 홍수 심판은 하나님 말씀대로 이루어졌다. 하나님은 방주로 들어갈 동물들을 정한 것과 부정한 것으로 나누어 정한 수와 종류대로 방주로 들여보내고 문을 닫았다. 하나님은 친히 방주의 문을 닫음으로 방주의 안과 밖을 구분하였다. 방주 안은 구원이요 밖은 심판이었다.

우리는 여기서 하나님의 공의와 은혜를 본다. 홍수 심판으로 하나님의 공의는 실현되고 하나님의 언약을 신실하게 믿은 노아의 가족은 동물들의 종을 보존하시는 하나님의 은혜를 본다. 그리스도인의 가정은 세상에 대해 구원의 방주가 되어야 한다. 그리스도인은 세상에서 하나님 은혜의 약속과 뜻을 따르는 순종과 행함의 삶을 살아야 한다. 또한 가정에서는 가족 구성원들이 구원의 은혜를 누리는 모습을 가져야 한다. 왜냐하면 그리스도인의 가정은 구원의 방주 모습으로 나타나야 하기 때문이다.

생각하기

1) 하나님은 노아에게 이 세대에 네가 내 앞에서 의로움을 보았다고 말씀 합니다. 하나님이 보신 노아의 의는 어떤 의일까요?

2) 하나님은 왜 홍수로 세상을 심판하였을까요?

3) 심판 받아 마땅한 우리를 하나님은 어떻게 구원을 예비하였나요?

함께 기도하기

하나님의 공의와 은혜의 성품이 창7장에서 어떻게 나타나고 있는지 가족과 함께 성경을 읽으면서 이야기를 나누세요. 가정의 안과 밖에서 하나님 말씀에 대해 어떻게 순종하고 행할 것인지를 같이 나누고 기도하면서 구체적인 실천 방안을 계획해 실행하세요.

창세기8:1-22

　여호와께서 그 향기를 받으시고 그 중심에 이르시되 내가 다시는 사람으로 말미암아 땅을 저주하지 아니하리니 이는 사람의 마음이 계획하는 바가 어려서부터 악함이라 내가 전에 행한 것 같이 모든 생물을 다시 멸하지 아니하리니(창8:21)

12. 노아의 예배

노아가 홍수 후 희생제물을 드리다 (Benjamin West, 1800)

하나님은 온 세상을 홍수로 심판할 때, 노아와 방주 안에 있는 생명들을 기억하고 물이 줄어 들게 하였다. 심판 가운데서도 하나님의 은혜와 자비는 여전히 지속되었다. 물이 줄어들고 비가 그치고 나서도 불어난 물이 빠지기 까지는 많은 시간이 걸렸다. 산봉우리들이 보이기 시작하면서 노아는 까마귀와 비둘기를 보내어 물이 얼마나 줄어들었는가를 알아보았다. 물이 걷히고 나서 하나님은 노아에게 방주에 있는 모든 생물을 이끌어 내면서 땅에서 생육하고 번성하라고 말씀하신다. 하나님이 모든 생물에게 주신 생명의 축복은 홍수 심판이 끝난 후에도 반복적으로 나타나고 있다. 심판 가운데서도 하나님의 은혜와 자비는 언제나 넘친다. 하나님은 홍수 심판 중에도 노아의 가족들과 생명들을 기억하여 물을 줄어들게 하였고 홍수가 끝난 후에도 생명들에게 생육과 번성을 말씀한다.

이러한 하나님의 모습은 우리가 가정의 자녀에 대해 양육과 훈계를 할 때에도 적용된다. 자녀를 훈육하는 중에도 사랑과 은혜를 잃어버려서는 안 된다. 자녀의 훈육 가운데서도 부모의 사랑과 은혜가 전해져야 한다. 훈육이 없는 사랑은 자녀를 방종과 이기심으로 이끌어 버릇없는 아이로 자라게 할 것이다. 사랑이 없는 훈육은 자녀를 어둡고 불신의 사람으로 만들어간다. 그리스도인 가정의 자녀 양육은 사랑과 훈육이 적절하게 조화와 균형이 이루어야 한다.

노아 가족이 방주에서 나와 가장 먼저 행한 일은 하나님께 예배드리는 것이었다. 제단을 쌓고 정결한 짐승을 제물로 취하여 하나님께 번제를 드렸다. 노아가 홍수 심판에서 구원받고 처음 하나님과 관계를 맺는 방식이 예배였다.

　이것은 예배의 중요성을 보여준다. 하나님은 노아의 예배(향기)를 기쁘게 받고 하나님은 자신을 향해(중심에) 언약을 맺는다. 인간이 악할지라도 다시는 땅을 저주하지 않을 것이며 모든 생물들을 멸하지 않을 것이라 말씀한다. 노아 가족의 예배는 향기로운 예배로 땅의 저주를 풀었으며 악한 가운데서도 생명 구원의 역사를 이룰 것이라는 하나님 자신의 언약으로 나타난다. 땅이 있는 동안에는 생명을 유지하는 원리와 법칙이 끊임없이 지속될 것이라고 하나님은 말씀한다. 노아는 하나님의 은혜와 자비하심에 기쁨으로 온전한 예배를 드렸다. 이러한 예배가 생명을 지속적으로 살리는 우주적인 결과를 가져왔다. 그리스도인이 가정에서 드리는 진실한 예배가 환경, 이웃, 생명을 살리는 결과를 낳을 수 있다.

생각하기

1) 하나님은 노아와 생명들을 기억하고 어떻게 하였나요?

2) 하나님이 우리를 기억한다는 말은 어떤 의미가 있나요? 출2:23-25절을 같이 읽고 생각해보세요.

3) 하나님이 노아 가족들과 생명들을 방주에서 이끌어 내면서 어떤 언약을 주었고 의미는 무엇인가요?

4) 노아의 예배를 통해 하나님은 어떤 축복을 주었나요?

5) 우리 가정이 하나님께 예배함으로 받고 싶은 축복은 무엇인가요?

함께 기도하기

노아의 예배를 통해 하나님이 축복하신 것이 무엇인지 같이 이야기해 보세요. 우리 가정이 하나님께 예배함으로 어떤 축복을 받았는지 알아보고 앞으로 우리가 받고 싶은 축복이 무엇인지 나누고 같이 기도하세요.

창세기9:1-17

　　무지개가 구름 사이에 있으리니 내가 보고 나 하나님과 모든 육체를
가진 땅의 모든 생물 사이의 영원한 언약을 기억하리라(창9:16)

13. 무지개 언약

땅에서의 노아 예배 (Joseph Anton Koch, 1803)

하나님은 노아 가정에 복을 주시며 생육하고 번성하여 땅에 충만하라고 말씀한다. 또한 모든 생명을 존중하고 잘 관리하라는 청지기적 사역을 위탁하였다(창9:2-6). 홍수 심판이 끝난 후에도 하나님은 인간에게 문화와 생명에 대한 관리를 맡긴다.

홍수 심판 후의 노아 후손들인 우리에게도 이 말씀은 적용된다. 하나님이 인간에게 주신 본연의 사역은 하나님 영광이 반영된 문화를 일으켜 번성하는 것(창조세계 관리)과 모든 생명에 대한 존중이다. 문화와 생명 존중에 대한 관점은 서로 맞물려서 상호보완적인 성격을 지닌다. 하나님 중심의 문화는 생명에 대한 생육과 번성을 확장시킨다. 그래서 노아의 후손들인 그리스도인의 가정은 동일한 하나님의 언약을 듣고 실천해야 한다. 그리스도인은 하나님 중심의 문화를 일으켜 생명에 대한 존중과 확장이 일어나도록 해야 한다. 그러나 세상의 문화는 생명을 잃어버리게 만들며 상처를 주고 생명 확장의 길을 막아버린다. 자기 욕망에 이끌린 모든 문화활동은 인간 본연의 문화 청지기적 소명과 생명 확장에 대한 관점을 잃어버리게 만든다. 가정 파괴의 원인도 세상 욕망이 가족 구성원들에게 작용하여 하나님의 뜻을 발견하지 못하게 한 결과이다.

우리의 가정은 어떠한가? 하나님 중심의 가정 문화를 가지고 있는가? 가족 구성원들이 자신보다는 다른 가족 구성원의 생명을 존중하고 확장시키려는 관점을 가지고 있는가? 영적 배려심을 가지고 있는가?

하나님은 노아의 가정과 후손들, 방주에서 나온 모든 생명들과 언약을 맺었다. 하나님은 자신의 언약을 모든 생명체와 맺으면서 영원히 홍수로 심판하지 않을 것을 약속한다. 하나님은 언약의 증표로 구름 사이에 무지개를 두었다. 노아의 후손들은 구름이 땅을 덮는 순간에 두려움이 임할지라도 무지개를 보면서 하나님의 언약적 신실함을 생각하면서 위로와 힘을 얻었을 것이다.

언약의 증표인 무지개는 그 때나 지금이나 하나님의 영원한 신실함을 보여준다. 이러한 하나님의 신실함을 그리스도인 가정이 본받으면 어떤 결과가 나타날까? 부모들이 끝까지 자녀를 믿고, 자녀들이 부모에 대한 신뢰를 져버리지 않는다면 우리의 가정은 어떤 고난의 먹구름이 몰려와도 가정에서 소망과 위로의 무지개를 발견할 것이다. 자녀 양육에 있어서 하나님의 언약적 신실함을 닮아가는 것은 우리에게 놀라운 소망과 위로를 경험하게 한다.

생각하기

1) 하나님은 노아의 가정에 어떤 축복을 주었나요?

2) 창9장에서 나타나는 생명존중에 대한 관점은 어떤 것인가요?

3) 홍수 심판 후에 하나님이 노아 가정에게 주신 언약의 증표는 무엇인가요?

4) 성경적 관점에서 무지개의 의미에 대해 가족 구성원이 같이 이야기해 보세요.

함께 기도하기

가족 구성원을 배려한 적이 있거나 아니면 자신을 위해 가족을 이용한 부분이 있다면 이야기를 나누세요. 자기의 유익을 위해 가족을 이용한 부분이 있다면 고백하고 같이 기도하는 시간을 가지세요. 하나님 중심의 가정 문화를 만들기 위해 실천할 사항이 무엇인지 같이 의논하고 한 주간 실천할 수 있도록 계획하여 실천해 보세요.

창세기9:18-29

또 이르되 셈의 하나님 여호와를 찬송하리로다 가나안은 셈의 종이
되고 하나님이 야벳을 창대하게 하사 셈의 장막에 거하게 하시고 가나안
은 그의 종이 되게 하시기를 원하노라 하였더라(창9:26-27)

14. 술 취한 노아

술에 취한 노아(Giovanni Bellini, 1515)

홍수가 끝난 후에 노아의 세 아들로부터 세상에 사람들이 퍼지게 되었다. 노아의 세 아들은 인류의 새로운 조상이 되었다. 노아는 포도 농사를 시작하였고 포도를 거둬 포도주를 만들어 먹고 취해 부끄러운 모습을 아들들에게 보였다. 하나님 앞에 의인이라 인정받은 노아의 부주의한 실수가 노아 가정에 균열을 가져왔다. 죄의 유혹은 아주 사소한 것에서부터 시작하지만 부정적 결과는 막대하다. 특히 부모의 사소한 죄의 모습이 자녀에게 심각한 상처와 고통이 될 수 있기에 부모의 태도와 삶의 본보기는 자녀에게 중요하다. 노아의 술 취함은 부끄러운 추태로 나타났고 작은 아들인 가나안의 아비 함은 아버지의 모습을 경멸하며 다른 형제들에게 이야기했다. 그러나 다른 형제, 셈과 야벳은 옷을 가져다 자신들의 어깨에 메고 뒷걸음쳐 들어가 아버지의 하체를 덮고 얼굴을 돌이켜 아버지의 하체를 보지 않았다.

셈과 야벳은 아버지 노아를 공경함으로 이러한 태도를 취했다. 노아는 이 사실을 알고 함을 저주하고 셈과 야벳은 축복하였다. 노아가 술에 취하지 않고 단정한 품행을 가졌다면 노아의 아들들은 노아를 공경했을 것이며 저주와 불화도 노아 가정에 없었을 것이다. 함도 아버지의 모습을 경멸하지 않았다면 가정의 균열과 그의 후손들에 대한 저주도 없었을 것이다.

그리스도인 가정에서 부모가 보이는 본은 자녀들의 인성과 믿음에 큰 영향을 준다. 우리가 죄의 유혹에 무감각하거나 넘어가는 실수는 자녀들에게 큰 상처와 아픔으로 작용할 수 있다.

그러나 우리가 하나님의 신실함을 본받고 따른다면 자녀들도 진정으로 우리를 공경하게 될 것이다. 이것은 자녀 입장에서도 동일하게 적용된다. 셈과 야벳은 노아가 실수하고 넘어졌어도 아버지에 대한 공경심을 잃지 않음으로 축복을 받았다. 부모가 연약하여 넘어져도 자녀들이 부모에 대한 공경심을 잃어버리지 않는 자세와 태도는 축복이 되어 돌아온다. 부모공경은 하나님께서 모세에게 주신 10계명에서도 땅의 축복과 장수를 받는 복으로 나타난다. 셈과 야벳이 노아를 공경함으로 그들의 장막과 후손이 축복을 받은 것처럼 말이다.

이러한 사실은 가정에서 축복과 저주에 대한 권한이 한 가정의 가장인 아비에게 있음을 보여준다. 우리의 가정은 어떠한가? 부모 된 입장에서 하나님 앞에 신실함의 본을 보이는가? 자녀 된 입장에서 부모를 신실하게 공경하고 있는가? 모든 축복과 저주가 가정에서 시작됨을 알고 있는가?

생각하기

1) 노아가 포도주에 취해 벌거벗은 모습은 우리에게 무엇을 보여 줍니까?

2) 가정에서 조그마한 죄의 유혹에 넘어져 큰 싸움과 상처로 나타난 일이 있습니까? 이야기를 나누어 보세요.

3) 노아의 작은 아들 함과 셈, 야벳은 어떻게 행동했나요? 그 결과는 무엇입니까?

함께 기도하기

가정에서 사소한 죄의 유혹으로 서로에 대한 신뢰와 사랑에 아픔과 상처를 준 일이 있나요? 서로 마음을 나누고 고백하면서 기도하는 시간을 가지세요. 부모는 자녀에게 자녀는 부모에게 서로 용서하는 시간을 가지세요. 한 주간 어떻게 서로에게 용서의 마음을 전달할지 계획하여 실천하세요.

창세기10:1-32

그가 여호와 앞에서 용감한 사냥꾼이 되었으므로 속담에 이르기를
아무는 여호와 앞에 니므롯 같이 용감한 사냥꾼이로다 하더라(창10:9)

15. 노아의 후손들

바벨탑(Hendrick van Cleve III, 16세기)

노아의 후손들에서 세상의 종족과 민족들이 나뉘게 되었다. 셈, 함, 야벳의 자녀들이 태어났고 땅에서 번성하기 시작했다. 하나님이 주신 생명의 축복은 땅에 충만하고 번성하라는 것이었다. 노아의 자손 중에 셈의 후손은 아라비아 남부지역으로 흩어져 거주하였고, 함의 후손은 가나안과 메소보다미아 동남부와 애굽, 아프리카 북부지역에 정착하였다. 야벳의 후손은 지중해 구브로 섬과 소아시아, 유럽으로 흩어져 거주한 것으로 추정하고 있다. 창10장에는 함의 아들 구스가 낳은 자녀 중에 니므롯은 용감한 사냥꾼이라고 묘사되고 있다. 이는 고대세계에 첫 강력한 제국(바벨론 제국)을 건설한 정복자에 대한 성경적인 표현이다. 니므롯은 사후 고대 바벨론 신화에서 신격화되어 마르둑(Marduk)이라는 바벨론 제국 창조신으로 숭배되어진다. 그러나 성경이 그를 용감한 사냥꾼으로 기록한 것은 구원 역사에서 니므롯은 중요하지 않음을 보여준다.

세상에서 자랑의 대상인 강력한 권력과 권세는 하나님의 언약 자손과 구속사에 큰 의미가 있지 않다. 이것은 세상의 지혜와 철학이 하나님의 구원 경륜에서 중심이 될 수 없음을 보여주는 예이다. 이러한 관점은 자녀 양육에서의 우선순위가 무엇인지 알려준다. 세상이 추구하는 지혜와 방법, 명예나 자랑이 하나님 관점에서는 그리 중요하지 않다. 자녀의 가치관과 인성, 태도에 영향을 주어야 할 것은 세상의 가치가 아니라 하나님이 귀히 보시는 가치, 관점, 태도이다. 우리는 이러한 가치, 태도, 인성을 가정에서 습관적인 삶의 양식을 통해 자녀에게 영향을 준다.

그렇다고 열심히 노력하고 최선을 다하는 삶의 태도나 양육방법이 잘못됐다는 것이 아니다. 이러한 노력과 최선의 삶이 향하는 방향이 중요하다는 것이다. 노력과 최선이 자신을 향한 것이라면 세상의 가치, 태도, 행동, 성품을 따르는 것이지만 이러한 가치, 태도, 행동, 성품의 방향이 하나님과 이웃을 향한 열심과 최선이라면 하나님은 이러한 모습을 통해 영광을 받을 것이다.

　부모의 행동과 태도, 가치관과 성품은 자녀에게 긍정적이거나 부정적으로 치명적 영향을 준다. 자녀가 부모와의 관계 안에서 삶을 통해 가치, 태도, 성품, 행동과 어떤 상호작용을 하느냐에 따라 그들이 우리의 모습을 닮을 것인지 반항할 것인지가 결정된다. 우리의 생활 습관, 태도, 양식이 자녀에게 어떤 영향을 주고 있는가? 우리의 자녀는 우리의 가치관에 긍정적인가? 부정적인가?

생각하기

1) 노아의 아들인 셈, 함, 야벳은 어느 지역에 정착하였나요?

2) 구스의 아들 니므롯은 고대 세계에서 용감한 사냥꾼이 되었습니다. 이 것이 의미하는 것은 무엇일까요?

3) 홍수 후에 노아 자손들이 땅에서 번성하게 된 것은 어떤 말씀의 성취일 까요?

함께 기도하기

가정에서 서로 바라는 태도나 가치관이 있나요? 있다면 같이 이야기를 나누고 없 다면 서로 바라는 가치관, 성품, 태도에 대 한 이야기를 나누세요. 서로 바라는 것에 대해 어떻게 가치관과 태도를 형성할 것 인지 같이 기도하세요.

창세기11:1-9

여호와께서 거기서 그들을 온 지면에 흩으셨으므로 그들이 그 도시를 건설하기를 그쳤더라(창11:8)

16. 바벨탑

바벨탑(Pieter Bruegel, 1563)

노아의 후손들은 한 언어를 사용하였고 모든 사상과 관점들을 공유하였다. 하나님은 노아와 후손들에게 생육하고 번성하여 땅에 충만 하라고 말씀하였지만 이들은 동방의 시날 평지에 정착하기 시작했다. 이들은 이곳에서 벽돌을 만들고 역청으로 흙을 대신해 성과 탑을 건설하였다. 이들이 성과 탑을 건설한 목적은 탑을 하늘에 닿게 하여 이름을 내고 온 지면으로 흩어지지 말자는 것이었다. 이런 생각은 하나님의 뜻과 계획을 정면으로 위반하는 것으로 인간이 성을 쌓고 흩어짐을 면하려는 것은 인간 내면의 깊은 두려움에 대한 인간적인 방어였다. 인간 본성의 죄는 인간을 하나로 묶어 하늘 끝까지 닿고 자신들의 이름을 드러내려는 욕망으로 나타났다. 여기에 인간의 언어가 하나였다는 것이 힘을 더해주었다.

하나님은 이러한 인간의 모습을 보시고 언어를 혼란하게 함으로 그들이 서로의 생각이나 사상을 알아듣지 못하게 하였다. 그들은 도시 건설을 그쳤고 온 지면으로 흩어지기 시작했다. 인간의 교만과 강력한 힘의 원천인 언어의 하나됨이 사라진 다음에야 이들은 하나님의 말씀대로 지면에 흩어진 것이다. 결국 언어의 혼잡은 이름이 바벨이라고 알려진 한 사건을 통해 나타났으며 인류의 민족, 종족, 국가가 탄생하는 계기가 되었다. 민족, 종족, 국가의 탄생은 하나님이 타락한 인류를 향한 생육하고 번성하며 땅에 충만 하라는 말씀의 성취이다. 인간은 스스로의 능력과 힘으로 하나님을 따르지 않고 자신을 추구하였지만 하나님은 이것을 자신의 계획을 이루는 계기로 삼았다. 인간이 하나님의 뜻을 무시하고 행하는 것을 통해서도 하나님은 자신의 계획을 이루어 간다. 하나님의 뜻과 계획이 훼방을 받는 원인 중에는 인간 본성의 타락으로 인한 두려움과 자기 중심적 자아도취와 교만들이 있다.

그리스도인의 가정에도 수 많은 일들이 일어난다. 어떤 일들은 주님의 계획과 뜻에 순종하는 가운데서 일어나지만 어떤 부분은 그렇지 않다. 세상의 교만과 타락이 그리스도인의 가정 안에 들어 오기 때문이다. 그러나 우리가 분명히 알아야 할 것은 주권자는 하나님이시고 하나님이 우리 가정을 선택하였다는 것이다. 하나님의 선택은 불변하며 영원하다. 그리스도인의 가정은 하나님의 선택함을 받은 가정으로 하나님의 뜻과 계획하심을 이루어 간다. 어떠한 실수와 훼방에도 불구하고 하나님의 뜻은 그리스도인의 가정을 통해 이루어질 것이다.

생각하기

1) 노아의 후손들은 시날 평지에 모여서 무엇을 하였나요?

2) 시날 평지에서 쌓은 탑에 대해 하나님은 어떤 반응을 보였나요?

3) 하나님은 언어를 혼잡하게 함으로 이들을 어떻게 하였나요?

4) 노아의 후손들을 향한 하나님의 뜻은 무엇인가요?

5) 하나님은 어떻게 이들을 향한 계획을 이루었나요?

함께 기도하기

가정에서 하나님의 뜻과 계획을 실천하는 부분이 있다면 나누세요. 또한 우리의 생각과 뜻대로 안된 부분을 통해 하나님의 뜻이 이루어진 것이 있다면 나누세요. 가정의 문제나 어려움을 통해 하나님은 어떤 계획과 뜻을 가지고 있는지 가족 구성원이 같이 이야기를 나누고 기도하는 시간을 가지세요.

창세기11:10-32

　　아브람과 나홀이 장가 들었으니 아브람의 아내의 이름은 사래며 나
홀의 아내 이름은 밀가니 하란의 딸이요 하란은 밀가의 아버지이며 또
이스가의 아버지더라(창11:29)

17. 셈의 후손들

아브람과 사래(James Tissot, 1896-1902)

하나님은 바벨에서 인간의 언어를 혼란하게 하심으로 열국의 민족과 국가가 형성되도록 하였다. 이것은 모든 민족이 전 세계로 확장되어 감으로 하나님 말씀이 성취되는 계기가 되었다(창9:1). 노아의 후손들을 향한 하나님의 말씀은 온 인류에게 주시는 보편적인 인간에 대한 축복이다. 그러나 성경은 특별히 창11장에 셈의 후손들과 데라의 족보를 기록하고 있다. 셈의 후손들과 데라의 족보에 대한 기록은 하나님의 특별한 선택과 은혜를 보여준다. 창세기 5장의 아담 계보와 형식은 같지만 추구하는 방향성이 다르다. 아담 계보는 아담 타락에 대한 인간의 결과를 보여주는 계보이다. 비록 아담 후손들이 오래 살았지만 끝내는 죽음으로 생을 마감한 것이 그 증거이다. 그러나 창세기 11장의 노아 후손 셈의 계보는 수명은 짧지만 죽음으로 끝나지 않고 생명이 태어나는 것에 초점을 맞춤으로 생명의 지속이라는 방향성을 추구한다. 이것은 하나님이 아담에게 말씀하신 여자의 후손에 대한 언약적 성취가 인간 역사와 계보 안에서 어떻게 나타나고 있는지를 보여준다.

노아의 방주를 통한 홍수 심판에서의 구원, 노아의 아들 셈의 후손에 대한 계보는 아담에게 말씀한 구원 언약이 인간 역사 안에서 성취되는 과정이다. 또한 셈의 족보 마지막에 아브라함의 아버지 데라를 자세하게 기록함으로 하나님이 아담에게 말씀하신 구원이 어떻게 아브라함이라는 한 인물을 통해 나타나는 가에 대한 배경을 보여준다. 여기서 우리는 하나님의 구원에 대한 언약과 선택이 인간 역사를 통해 어떻게 이루어지는지 알 수 있다. 하나님의 영원한 신실함은 그분의 뜻이 분명하게 이루어지는 반석과 같다. 그리스도인 가정은 하나님이 선택하셨고 그분의 뜻 안에서 인도함을 받는다. 이것은 영원에 대한 방향성을 가지고 축복의 통로로 선택하신 것이다. 하나님은 그리스도인의 가정을 선택하심으로 그 가정이 믿음의 가문과 세계를 향한 축복의 통로가 되기를 원하신다.

성경에서 보여주는 하나님 사람들의 계보는 수 많은 삶과 생애을 짧은 한 줄로 기록하고 있다. 그러나 하나님이 선택한 사람의 계보는 구세주 예수 그리스도에게 닿아있다. 여기에 우리의 소망과 기쁨이 있다. 우리가 드리는 하나님과 가정에 대한 헌신이 비록 눈에 보이지는 않지만 하나님은 우리를 축복의 통로로 사용하여 믿음의 가문과 세상을 바로 세워가는데 귀하게 사용할 것이기 때문이다.

생각하기

1) 셈의 족보에서 발견되는 독특한 특징과 반복은 무엇인가요?

2) 창세기 5장의 아담의 계보와 비교한다면 무엇이 다른가요?

3) 셈의 족보에서 나타나고 있는 하나님의 신실하심은 무엇인가요?

4) 왜 데라의 족보를 자세하게 기록하였을까요?

함께 기도하기

가족 구성원이 하나님께 받은 은혜가 있다면 같이 나누고 우리 가정을 향하신 하나님의 뜻이 무엇인지를 나누세요. 우리 가정을 향한 하나님의 뜻을 구하는 기도를 같이 하세요.

창세기12:1-9

여호와께서 아브람에게 이르시되 너는 너희 고향과 친척과 아버지의 집을 떠나 내가 네게 보여줄 땅으로 가라(창12:1)

18. 부름 받은 아브람

아브라함의 가나안 여행(Pieter Lastman, 1614)

하나님은 많은 사람 중에 아브라함을 선택하였다. 하나님은 아브라함에게 고향과 친척 아버지 집을 떠나 내가 네게 보여줄 땅으로 가라고 말씀한다. 아브라함은 어디로 갈지 알지 못했지만 하나님 말씀을 따라갔다. 정들고 자신이 평생 동안 이룬 터전을 버리고 어디로 갈지 알지 못하면서도 하나님의 말씀을 따라간 아브라함의 믿음은 순종으로 나타났다. 하나님은 그가 큰 민족을 이루고 이름이 창대하게 되어 복의 근원이 될 것이라는 언약을 주었다. 땅의 모든 민족이 너로 말미암아 복 받는다는 것은 아브라함 믿음의 자취를 따르는 영적 후손들에 대한 축복의 언약일 것이다.

75세인 아브라함이 순종하는 것은 어려운 결정이었다. 나이가 들어 확실치 않으며 보이지 않는 말씀을 따라 간다는 것은 자신을 위한 인간적인 계획과 방법, 의지를 가지고는 내릴 수 없는 결정이었다. 여기에 아브라함의 위대함이 있다. 인간적인 계획이나 수단보다는 하나님의 말씀을 믿고 순종함에서 나온 결정이고 행동이었다.

아브라함은 자신의 아내 사래와 조카 롯, 하란에서 얻은 모든 소유와 사람을 이끌고 가나안 땅으로 들어갔다. 아브라함이 세겜 땅 모레 상수리나무에 이르러 거주할 때까지 하나님은 아무 말씀이 없었다. 아브라함은 하나님 말씀을 의지하면서 세겜 땅에 머무른다. 비로소 하나님은 아브라함에게 나타나 이 땅을 네 자손에게 주리라 약속한다. 이때부터 아브라함은 하나님께 제단을 쌓고 예배를 드린다. 아브라함은 벧엘로 옮겨 살면서도 하나님께 제단을 쌓고 지속적으로 예배를 드린다. 그리스도인 가정이 아브라함의 모습 속에서 본받아야 할 부분이 있다면 아브라함의 조건 없는 믿음의 순종이다. 하란에서 아브라함은 우상숭배자였지만 하나님의 부르심에 응답함으로 우상숭배에서 돌이켰다. 아브라함은 하나님의 말씀을 따라갔다. 한 가정의 가장으로 아브라함은 하나님 말씀에 인간적인 계획과 수단이 아닌 순종으로 응답하였고 말씀에 응답하는 삶의 본으로 어디를 가든지 제단을 쌓고 하나님의 이름을 부르며 예배를 드렸다. 부모는 어디로 옮기든지 자녀들과 함께 예배를 드리는 곳이 하나님이 임재하는 장막 터가 되기 때문이다.

부모가 가정에서 하나님 말씀에 순종하는 삶으로 응답한다면 우리의 자녀는 깊은 인상을 받을 것이다. 아브라함과 같이 어디서든 가정에서 하나님의 이름을 부르며 예배를 드린다면 우리 자녀의 삶은 복될 것이다. 하나님의 선택을 받은 자는 모두 복의 근원이 되기 때문이다.

생각하기

1) 하나님이 아브라함에게 너희 고향과 아비 집을 떠나 네게 지시할 땅으로 가라고 말씀하였을 때 아브라함은 어떻게 행하였나요?

2) 이때 아브라함의 마음은 어떠했을까요?

3) 아브라함이 가나안 땅에 들어가 행한 일은 무엇인가요?

4) 우리가 아브라함의 삶에서 배워야 할 부분이 있다면 무엇인가요?

함께 기도하기

가족 구성원과 함께 하나님의 부르심에 대해 진지하게 이야기를 나누세요. 하나님의 말씀을 깨달았을 때 어떻게 순종해야 할지 나누세요. 우리 가정을 향한 하나님의 뜻에 어떻게 순종해야 할지 같이 하나님께 기도하세요.

창세기12:10-20

여호와께서 아브람의 아내 사래의 일로 바로와 그 집에 큰 재앙을
내리신지라(창12:17)

19. 애굽에서의 아브람

파라오 궁정에서의 아브람과 사래(Giovanni Muzzioli, 1875)

아브라함은 하나님의 부르심에 믿음으로 응답하여 자신의 본토 친척 아비 집을 떠나 말씀을 따라 갔다. 믿음의 순례가 시작된 것이다. 가나안 땅에 이르러 하나님은 아브라함에게 이 땅을 네게 주겠다는 약속을 한다. 아브라함은 하나님 말씀에 응답하여 제단을 쌓고 예배를 드린다. 이때 그 땅에 기근이 심하게 들어 아브라함은 애굽 땅에 가기로 결정한다. 아브라함의 모든 식솔들이 애굽 땅에 가까이 왔을 때 그는 두려워지기 시작했다. 아브라함은 아름다운 아내인 사래를 빼앗기고 자신이 죽을까 봐 두려워 했다. 아브라함은 사래에게 애굽 땅에서는 자신의 누이로 행세해 달라고 부탁한다. 이것은 자기 생명의 위협에 대한 방어로 명백히 거짓을 행하는 것이었다. 아브라함과 사래는 애굽에 내려갔고 사래의 미모는 바로의 신하들의 눈에 들어 바로가 사래를 궁으로 불렀다. 또한 바로는 아브라함을 후대하여 양, 소, 노비, 암수 나귀, 낙타를 아브라함에게 주었다. 아브라함의 거짓 행위는 자신의 가정을 불행에 빠뜨리는 결과를 가져왔고 하나님의 약속도 없어지는 것 같이 보였다.

그러나 하나님은 이 일로 바로의 집에 큰 재앙을 내린다. 아브라함이 언약의 축복을 받은 자신의 가정을 온전히 지키지 못했을 때에도 하나님은 놀라운 섭리로 언약 가정을 지키다. 바로는 아브라함을 불러 그의 아내 사래를 돌려주면서 모든 소유를 가지고 애굽에서 나가게 한다.

아브라함 가정 이야기는 그리스도인의 가정에서도 일어날 수 있다. 그리스도인 가정이 서로에 대한 불신, 의혹, 거짓된 모습으로 세상과 관계를 가지거나 가족 구성원 사이에 불화가 생길 때 가정은 위험에 처할 수 있다. 그러나 하나님은 그리스도인의 가정을 선택하시고 언약의 축복을 주신다. 우리의 실수로 가정에 어려움이 생길 수도 있지만 하나님은 가족 구성원을 언약적 축복 안에서 인도하기 때문에 위험 속에서도 하나님의 뜻을 알게 하고 구원하며 살길을 예비한다. 아브라함은 믿음으로 말씀을 따라 순종했지만 그 믿음은 삶을 통해 성숙해야 할 믿음이다.

가정에 위험이 닥치면 우리는 어떻게 행동하는가? 끝까지 하나님의 신실하심을 의지하는가? 아니면 하나님의 뜻을 구하지 않고 인간의 수단과 방법을 의지하는가? 하나님은 어제나 오늘이나 영원토록 신실하시다.

생각하기

1) 아브라함이 아내인 사래에게 부탁한 것은 무엇인가요?

2) 왜 아브라함은 사래에게 그런 부탁을 했나요?

3) 왜 하나님은 바로의 집안에 재앙을 내렸나요?

4) 아브라함이 애굽에서 경험한 일을 통해 깨달을 것은 무엇일까요?

함께 기도하기

가족 구성원과 가정에서 어려웠던 일에 대해 이야기를 나누세요. 우리 가정에서 어려웠던 일들을 어떻게 해결했는지 나누고 하나님의 특별한 간섭하심이 있었는지 이야기해 보세요. 그리스도인의 가정에 있는 문제에는 하나님의 선하신 섭리가 있습니다. 문제에 들어있는 하나님의 섭리를 발견 할 수 있도록 같이 기도하세요.

네 앞에 온 땅이 있지 아니하냐 나를 떠나가라 네가 좌하면 나는 우하고 네가 우하면 나는 좌하리라(창13:9)

20. 아브람과 조카 롯

아브람과 롯이 분가하다(Bartolo di Fredi, 14 세기)

아브라함은 애굽에서 연약함에도 불구하고 하나님이 함께함을 경험했다. 아브라함이 하나님을 의지하지 못한 순간에도 그분은 신실하였다. 우리가 하나님의 손을 놓고 있는 순간에도 하나님은 우리의 손을 영원히 놓지 않는다. 이것은 하나님의 성품과 속성상 그러하다. 아브라함의 믿음은 점점 성장하였다. 아브라함은 사래와 조카 롯, 그리고 모든 소유를 이끌고 애굽 땅에서 나와 벧엘과 아이 사이에 장막을 치고 하나님께 예배를 드렸다. 아브라함 일행이 이곳에 거처하는 동안 아브라함의 목자와 조카 롯의 목자가 서로 다투게 되었다. 아브라함과 롯의 가축과 소유가 많아 한 땅에서 같이 살수가 없었다. 아브라함은 조카 롯을 불러 분가하기를 청한다. 롯은 물이 풍부한 소돔과 고모라가 있었던 요단 지역을 선택했다. 그러나 소돔과 고모라는 하나님 보시기에 악한 도시였다. 미래에 아브라함과 롯의 선택에 대한 삶은 전혀 다른 결과를 가져온다. 아브라함은 가나안 지역을 선택하고 이들은 분가하여 떠나게 된다.

아브라함은 애굽의 실패와 경험을 통해 하나님의 신실함을 배웠다. 그는 장자였지만 조카에게 선택권을 양보하였다. 아브라함은 자신이 어디를 선택하든 하나님이 함께 한다는 것을 알았다. 롯이 떠난 후 하나님은 아브라함에게 나타나 언약을 구체적으로 확인시켜 준다. 롯은 요단 지역 땅만 바라보고 갔지만 하나님은 아브라함에게 동서남북 사방을 보여주면서 이 모든 땅을 아브라함의 수 많은 자손의 번성과 함께 줄 것을 약속한다. 아브라함은 이러한 하나님의 언약에 응답하여 제단을 쌓고 예배를 드린다.

이 일은 그리스도인의 가정에도 일어난다. 그리스도인 가정도 가족과 친인척간의 관계에서 종종 어려움이 발생한다. 믿지 않는 친척과 가족 구성원의 관계에서 그리스도인은 어떤 모습을 가져야 하는가? 우리는 아브라함의 발자취를 따르는 삶의 자세를 가져야 한다. 아브라함처럼 실패와 경험을 통해 하나님의 신실함을 체험한다면 믿음과 삶의 자세에서 아브라함을 닮는 모습이 나타날 것이다. 하나님이 우리와 함께함을 안다면 인간관계에 있어서 자신의 유익을 위한 조작적인 수단이나 방법을 사용하지 않을 것이다.

가족 구성원과 친인척간의 관계에서 자신의 유익이나 목적을 위해 관계를 이용하거나 대상을 조작하지 않을 것이다. 하나님은 우리를 이기적인 목적이나 유익을 위해 조작하는 관계를 만들지 않기 때문이다. 하나님은 우리와의 관계에서 신실하기 때문이다.

생각하기

1) 아브라함과 롯은 소유와 가축이 많아 분가해야 했습니다. 아브라함이 조카 롯을 불러 무엇이라 말했나요?

2) 왜 아브라함은 조카 롯에게 그렇게 말했나요?

3) 아브라함이 가진 믿음은 어떤 믿음이었을까요?

4) 롯이 떠난 후 하나님은 아브라함에게 어떤 약속을 주었나요?

함께 기도하기

가족 구성원과 믿지 않는 친인척들과 어떤 관계를 가져야 할지 나누세요. 하나님을 믿는 우리는 어떤 자세로 관계해야 하는지 나누고 좋지 않은 관계에 있는 친인척이 있다면 어떤 자세와 태도를 가져야 하는지 같이 기도하세요.

창세기14:1−24

　　너희 대적을 네 손에 붙이신 지극히 높으신 하나님을 찬송할지로다 하매 아브람이 그 얻은 것에서 십분의 일을 멜기세덱에게 주었더라(창 14:20)

21. 아브람의 롯 구출

아브람과 멜기세덱의 만남(Peter Paul Rubens, 1625)

아브라함이 가나안 땅에 정착한 근동의 나라들은 도시 국가의 형태를 가지고 있었다. 아브라함은 하나님이 함께하는 경험과 약속을 의지하여 가나안 땅에 정착하였다. 그는 가나안에서 번성하였고 그 지방의 왕들과 어깨를 나란히 할 수 있을 만큼 강하여졌다. 이때 근동지역 가나안 땅에 왕들의 전쟁이 일어났고 아브라함의 조카 롯이 살고 있던 소돔과 고모라는 전쟁 중에 약탈을 당하였다. 롯은 사로잡히고 그의 재물은 빼앗겼다. 아브라함은 소식을 듣고 집에서 훈련한 사람들과 동맹을 맺은 사람들 수 백 명을 데리고 밤에 단까지 쫓아가 왕들의 군대를 물리치고 조카 롯과 빼앗겼던 모든 재물, 부녀, 친척들을 구출하였다. 아브라함이 돌아올 때에 소돔 왕과 살렘왕 멜기세덱은 떡과 포도주를 가지고 나와 영접하였다. 살렘왕 멜기세덱은 지극히 높으신 하나님의 제사장으로 아브라함을 하나님의 이름으로 축복하였다. 아브라함은 답례로 자신이 얻은 것의 십분의 일을 멜기세덱에게 주었다. 소돔왕은 아브라함에게 생색을 내며 자신의 이름을 위해 아브라함에게 전리품을 가지라고 말한다. 그러나 아브라함은 하나님의 이름으로 이를 거절하면서 자신과 동행한 아넬, 에스골, 마므레의 분깃만 받는다. 그는 하나님의 축복과 인간 왕이 교묘하게 주는 축복을 분별한다.

이 이야기는 고대 근동의 도시국가의 전쟁을 통해 아브라함이 하나님이 주시는 축복과 세상이 자신의 유익을 위해 축복을 가장하여 다가오는 유혹을 분별하는 능력이 있었음을 보여준다. 하나님은 아브라함에게 복의 근원이 될 것을 말씀하였고 그를 축복하는 자는 축복을 저주하는 자는 저주를 받을 것이라고 말씀하였다. 아브라함이 담대히 집안 사람들을 이끌고 전쟁에 참여한 것, 자신을 하나님의 이름으로 축복하는 멜기세덱에게 소득의 십 분의 일을 준 것, 자신과 동맹을 맺고 동행한 사람들에게 준 분깃, 음흉한 소돔왕의 제안에 대한 단호한 거절은 그가 하나님 축복의 수혜자로서 분명한 믿음을 가지고 있었다는 증거이다.

이러한 아브라함의 모습은 그리스도인의 가정이 하나님의 선택과 축복에 대해 가져야 할 태도를 보여준다. 하나님의 축복을 믿고 전쟁에 뛰어든 용기, 하나님의 사람이 주는 축복을 받는 태도, 자신과 동행하는 자에게 주는 자세, 세상적 유혹에 대한 분별은 하나님의 언약과 축복을 소유한 그리스도인의 가정이 하나님의 언약 안에서 가져야 할 자세요 태도이다.

생각하기

1) 아브라함이 집안 사람들을 데리고 전쟁에 참여한 이유와 아브라함이 가졌던 믿음은 무엇인가요?

2) 왜 아브라함은 하나님의 제사장 살렘왕 멜기세덱에게 자신이 얻은 소득의 십분의 일을 주었을까요?

3) 왜 아브라함은 소돔 왕의 제안을 거절했을까요?

함께 기도하기

하나님을 믿는 사람들이 하나님께 받은 축복은 무엇인가요? 하나님을 섬기는 우리 가정은 하나님께 어떤 축복을 받았나요? 우리 가정이 하나님께 받은 축복에 대해 이야기를 나누고 함께 기도하세요.

창세기15:1-21

그를 이끌고 밖으로 나가 이르시되 하늘을 우러러 뭇별을 셀 수 있나 보라
또 그에게 이르시되 네 자손이 이와 같으리라 아브람이 여호와를 믿으니 여호와
께서 이를 그의 의로 여기시고(창15:5-6)

22. 하나님과 아브람의 언약

아브라함이 받은 하나님의 언약과 축복
(Julius Schnorr von Carolsfeld, 1851-1860)

아브라함의 믿음은 왕들의 전쟁 후에 성장하였다. 이 일 후에 하나님은 아브라함과 언약을 세운다. 아브라함은 나이가 들어 자식이 없었다. 고대 근동에는 자식이 없으면 신실한 종을 양자로 삼아 자신의 권위와 재산을 물려주는 풍습이 있었고, 아브라함은 하나님께 다메섹 사람 엘리에셀을 추천한다. 그러나 하나님은 아브라함에게 네 몸에서 날 자가 상속자가 될 것이라고 말하면서 아브라함의 자손이 하늘의 뭇 별과 같이 많아질 것이라 약속한다. 이에 아브라함의 반응은 자신의 형편과 사정보다는 하나님의 말씀을 신뢰하였다. 하나님은 아브라함의 믿음을 그의 의로 인정하고 땅에 대한 기업을 약속한다. 아브라함은 하나님 약속에 대한 보증을 요구하고, 하나님은 아브라함이 알 수 있도록 그 당시 언약을 맺는 방법인 짐승을 잡아 쪼개어 그 사이를 언약 당사자들이 지나가는 방법을 요구한다. 이것은 고대 근동의 언약체결에서 쓰던 방법으로 언약을 파기하는 당사자는 짐승과 같이 죽임 당할 것임을 보여주는 것이다.

모든 준비를 마치고 아브라함이 기다리며 깊이 잠이 들었을 때 하나님은 아브라함에게 후손들이 이방에서 객이 되어 사백 년을 종살이를 하고 그 나라에서 나와 여러 민족들이 사는 가나안 땅을 기업으로 얻게 될 것이라 말씀한다. 해가 어두울 때 하나님은 타는 횃불이 쪼갠 고기 사이로 지나가게 하면서 아브라함과 땅에 대한 언약을 세운다. 여기서 하나님은 자신하고 언약을 맺는데 언약 당사자인 아브라함이 쪼갠 짐승 사이로 지나가지 않고 하나님의 불이 지나간다. 이러한 언약체결 방식은 아브라함의 자손과 땅에 대한 언약은 하나님이 자신의 이름으로 모든 것을 보증한다는 의미이다.

하나님께서 아브라함에게 보여준 언약 체결 방식은 그리스도 안에서 선택 받은 그리스도인의 가정에도 적용된다. 하나님은 우리가 자신의 형편과 사정보다는 하나님을 신뢰할 때 친히 언약을 이루는 분으로 나타난다. 그리스도인 가정은 많은 어려움과 연약함을 가지고 있다. 믿지 않는 가정과 비교해 볼 때 크게 다르지 않다. 그러나 우리의 형편과 사정을 따르기 보다 우리에 대한 하나님의 언약과 말씀을 신뢰한다면 하나님은 그것을 우리의 의로 인정한다. 믿음의 의인을 통해 하나님은 자신의 언약과 말씀을 이루어 간다. 하나님이 믿음의 가정을 세우실 것이다. 그분을 끝까지 신뢰하는 가정을 통하여 그렇게 할 것이다.

생각하기

1) 하나님은 아브라함에게 어떤 약속을 주었나요?

2) 하나님의 약속에 아브라함은 어떤 반응을 보였나요?

3) 아브라함의 반응을 하나님은 어떻게 받아들였나요?

4) 하나님은 어떻게 아브라함과 언약을 맺었나요? 그 의미는 무엇인가요?

함께 기도하기

하나님이 우리 가정에 주신 언약과 말씀은 무엇인가요? 우리는 하나님이 주신 말씀에 어떤 믿음을 가지고 있나요? 가족 구성원과 하나님이 주신 말씀을 끝까지 신뢰하는 것이 무엇인지 나누세요. 가족 구성원이 받은 응답의 말씀을 가지고 함께 기도하세요.

창세기:16:1-16

여호와의 사자가 또 그에게 이르시되 네가 임신하였은즉 아들을 낳
으리니 그 이름을 이스마엘이라 하라 이는 여호와께서 네 고통을 들으셨
음이니라(창16:11)

23. 사래와 하갈

하갈과 천사(Pieter Lastman, 1614)

아브람이 가나안 땅에 거주한지 10여 년이 흘렀다. 아브람의 아내 사래는 불안하였다. 나이는 들어가는데 하나님이 약속한 태의 열매는 없었다. 사래는 당시 근동의 풍습대로 자신의 여종을 통해 자식 갖기를 원했다. 이렇게 여종을 통해 낳은 첫아들은 고대 근동에서는 여주인의 아들로 간주하였다. 그래서 자기 몸종인 하갈을 아브람에게 보내 동침케 하였다.

이것은 하나님이 아브람과 사래에게 주신 언약에 대한 불순종이었다. 하나님의 언약에 대한 불순종이 아브람 가정 불화의 시작이었다. 하갈은 자신이 임신한 것을 알고 여주인 사래를 멸시하였다. 하갈이 사래를 멸시한 것은 당시의 사회적 관습을 무시한 태도였고 그 원인은 아브람에게 있었다. 가정의 가장인 아브라함은 이러한 하갈의 행동에 대해 적절한 태도와 조치를 취해 가정의 질서를 바로잡을 책임이 있었다. 그러나 아브람의 구태의연함은 사래가 하나님에게 호소하게 만들었다(창16:5).

아브람은 사래에게 하갈에 대한 모든 권한을 일임하였고 이번에는 사래가 하갈을 학대하였다. 하갈은 사래 앞에서 도망하여 광야에서 방황하던 중 하나님의 사자를 만난다. 여호와의 사자는 하갈에게 네 주인에게 돌아가 복종하라고 하면서 하갈의 자손이 번성할 것과 낳을 아들의 이름을 이스마엘(하나님이 들으심)이라 지어주고 어떤 삶을 살 것인지 알려준다. 하갈은 하나님을 나를 살피시는 하나님이라 하면서 아브람에게 돌아가 아들 이스마엘을 낳는다. 이 때 아브람의 나이 86세였다.

창16장의 이야기는 아브람 가정을 향한 하나님 언약에 대한 불순종이 가정불화의 원인임을 보여준다. 하나님은 신실하심으로 그분의 약속과 응답은 적절한 때에 반드시 이루어 진다. 그러나 피조물인 인간의 믿음 없음과 연역함에 따른 행동과 판단이 모든 불화의 원인이 된다.

현대의 가정은 다양한 가치관과 다원주의의 영향으로 가족간의 결속력이 약하다. 가정에 위기가 닥치면 극복하고 나갈 버팀목이 부실한 것이 현대 가정의 모습이다. 그러나 그리스도인의 가정은 하나님의 은혜에 근거한 말씀과 언약이 있다. 하나님의 말씀과 언약은 영원한 하나님의 신실한 속성에 끈이 닿아 있다. 여기에 우리의 소망이 있다. 우리 가정을 향한 하나님의 신실하심을 끝까지 붙잡아라. 하나님의 때에 우리를 향한 하나님의 언약은 성취된다.

생각하기

1) 아브람과 사래는 자식을 얻기 위해 어떤 행동을 하였나요?

2) 아브람과 사래의 행동은 가정에 어떤 결과를 가져왔나요?

3) 하나님이 영원히 신실하다는 것은 무엇을 말하나요?

4) 하나님의 신실하심에 대해 우리는 어떻게 행동해야 할까요?

5) 하갈이 여주인 사래에게 학대를 받아 도망쳤을 때 하나님은 어떻게 하였나요?

함께 기도하기

하나님의 신실하심에 대해 이야기를 나누세요. 하나님께서 우리 가정에 주신 언약과 말씀에 어떻게 반응해야 하나요? 가정 불화에 대한 하나님의 뜻이 무엇인지 가족 구성원과 이야기를 나누고 불화의 원인과 하나님 안에서 어떻게 해결해야 할지 함께 기도하세요.

창세기17:1-27

　　너희 중 남자는 다 할례를 받으라 이것이 나와 너희와 너희 후손 사이에 지킬 내 언약이니라(창17:10)

24. 아브라함의 개명과 할례

할례(Rembrandt, 1669)

하나님은 아브람이 99세 때에 나타나 언약에 순종함으로 완전하라 하면서 언약을 갱신한다. 여러 민족의 아버지가 되라는 뜻에서 아브람을 아브라함으로 개명해 준다. 고대 근동에서 이름의 개명은 인격과 삶의 변화를 의미한다. 고대 근동의 왕들은 새 시대나 정책을 시작할 때 자신의 이름을 바꾸었다. 하나님이 아브람의 이름을 개명한 것은 하나님이 약속한 자손에 대한 언약적 축복이 지금부터 실현된다는 것을 의미한다.

이러한 하나님의 언약적 축복은 신약시대 믿음의 공동체인 그리스도인들에게는 모든 민족 안에서 아브라함을 영적 아버지로 바라보게 됨을 의미한다. 언약적 축복은 대대 후손으로 연결되어 진다. 또한 하나님은 아브라함에게 속한 모든 남자는 할례를 받으라 명령한다. 할례는 언약의 표징으로 언약 자체는 아니다. 할례는 아브라함과 그의 후손들이 하나님과 맺은 특별한 관계에 대한 상징이며 평생 육체의 한 부분에 새김으로 하나님과 맺은 언약을 생각하고 묵상하도록 하는 이미지다. 할례는 난지 8일 만에 시행되었으며 남자 아이에게만 행하여졌다. 할례를 받지 않은 자들은 언약을 깨뜨림으로 주의 백성에게서 끊어졌다.

신약에서도 할례의 의미는 사라지지 않는다. 다만 육체에 행한 할례는 마음에 행할 할례로 강조된다. 구약에서도 신체에 대한 할례는 마음의 할례가 없다면 의미가 없다(신10:16, 30:6; 렘4:4). 신약에서 신체적 할례의 의미는 새 언약의 주인이신 그리스도가 오셔서 물과 성령으로 주의 백성들에게 인치심을 주실 때까지 임시로 있었던 모형적인 이미지로 더 이상 신체적 할례를 행할 의미는 사라졌다(행15장).

구약의 할례는 신약시대에 언약 공동체로 들어오는 유아에게 근거를 마련해 준다. 이것은 유아세례의 효시이다. 구약에서 아브라함에 속한 모든 남자 아기는 태어난 지 8일만에 할례를 받아 간난 아기가 언약 공동체의 일원이 되었음을 보여준다. 이는 유아기 때 믿음의 가정에 속한 아기에게 세례를 줌으로 언약 공동체의 일원으로 받아들이는 제도의 성경적인 근거가 된다. 믿음의 가정에서 유아가 세례를 받고 하나님 말씀 안에서 양육을 받는 것은 하나님의 언약적 축복이 이어지는 통로이다. 그리스도인 가정은 언약적 축복의 통로를 가지고 있다. 언약 공동체 안으로 들어온 가정은 자녀들을 통해 대대로 축복의 통로가 이어진다.

생각하기

1) 왜 하나님이 아브람의 이름을 아브라함으로 개명해 주었을까요?

2) 아브라함이라는 이름의 의미는 무엇인가요?

3) 할례의 의미는 무엇인가요?

4) 신약시대에서 할례는 어떤 의미를 가지나요?

5) 믿음의 가정에 대대로 축복의 통로를 이어주는 것은 무엇인가요?

함께 기도하기

가족 구성원이 자기 이름의 뜻이 무엇인지 나누세요. 자기 이름이 형성된 동기나 배경에 대해 이야기하고 하나님의 뜻 안에서 자신의 이름이 가지는 의미를 발견해 보세요. 또한 자신이 세례 받았을 때의 느낌과 기분, 의미에 대해 서로 나누세요. 우리 가정에서 하나님 축복의 통로가 이어지고 서로에게 축복의 통로가 되도록 같이 기도해 주세요.

창세기18:1-15

　여호와께 능하지 못할 일이 있겠느냐 기한이 이를 때에 내가 네게로
돌아오리니 사라에게 아들이 있으리라(창18:14)

25. 아브라함과 세 천사

아브라함이 세 천사를 섬기다(Rembrandt, 1646)

어느 날 아브라함은 자신의 장막 마므레의 상수리나무 그늘에서 뜨거운 오후를 피해 쉬고 있었다. 그는 세 사람이 자신의 맞은편에 서 있는 모습을 보았다. 그는 즉시 달려가 세 사람을 영접하면서 몸을 땅에 굽혀 그들을 맞이했다. 아브라함은 즉시 그들이 현현하신 하나님과 천사임을 알아보았다. 아브라함은 영적으로 깨어있었다. 아브라함은 그들에게 발을 씻고 나무 아래에서 쉬면서 음식을 먹은 다음 가라고 권한다.

고대 근동의 유목민들은 나그네를 대접하는 것이 중요한 일이었다. 그 당시는 나그네를 대접하는 것이 미덕이었고 여러 가지 위험한 적들로부터 자신을 방어하는 수단이었다. 그러나 아브라함이 취한 행동은 종이 주인을 섬기는 행위를 보여주지 주인이 나그네를 대접하는 방식과는 차이가 있었다. 물로 발을 씻기는 행위는 종이 주인을 섬기는 행위로 당시의 문화와 풍습으로는 이해할 수 없는 부분이었다. 이는 아브라함이 세 사람을 하나님의 현현으로 보았다는 증거이다.

아브라함은 분주했다. 장막에 있는 사라에게 고운 가루를 반죽하여 떡을 굽고 좋은 송아지를 잡아 요리를 하여 엉긴 젖(염소 젖을 발효시킨 것)과 우유를 가져와 차리고 자신은 옆에 서서 섬긴다. 하나님은 장막 안에 있는 사라에게 내년 이맘때 다시 올 것이며 사라는 아들을 낳을 것이라고 말한다. 사라는 속으로 웃는다. 정상적인 인간의 육체로는 아이를 가질 수 없는 남편과 자신을 알기 때문이다. 그러나 하나님은 사라의 마음을 알고 말한다. "여호와께 능하지 못한 일이 있겠느냐" 하나님이 하시는 계획과 일은 인간의 불신에 의해서도 무산되지 않는다.

하나님께서 할 수 없는 일은 없다. 여기에 연약한 우리의 소망이 있다. 우리의 인간적인 바램과 소망이 끊어진 곳에서 하나님의 초자연적인 역사는 시작된다. 사라는 두려워서 웃지 않았다고 부인하지만 하나님은 사라에게 네가 웃었다고 분명히 말한다.

아브라함은 부지불식간에 하나님과 천사를 대접하여 환대하였고 그것이 아브라함이 받은 축복 중의 하나가 되었다. 가정에서 손님 접대와 환대는 하나님의 축복을 누리는 또 다른 통로가 된다. 우리 가정이 다른 사람들에 대해 열려 있어서 대접하고 환대한다면 부지불식간에 하나님의 사람을 대접하여 축복으로 돌아올 것이다.

부모가 가정에서 다른 사람들을 진심으로 대접하고 섬기는 것을 좋아한다면 자녀도 그러한 삶의 자세와 태도를 배울 것이다. 자녀가 믿음 안에서 다른 사람을 환대하며 섬기는 것이 그리스도를 섬기는 것임을 깨달을 때 다른 사람들의 모습에서 그리스도를 보게 된다. 환대는 그리스도의 형상을 기쁘게 맞이하는 것이다.

생각하기

1) 왜 아브라함은 맞은편에서 오는 사람들을 향해 달려갔을까요?

2) 왜 아브라함은 세 사람을 극진히 대접하였을까요?

3) 왜 사라는 웃었을까요?

4) 왜 하나님께서는 웃는 사라에게 "여호와께 능하지 못한 일이 있겠느냐" 라고 말씀하였을까요?

함께 기도하기

가정에서 손님을 대접한 경험이 있나요? 그 때를 생각하면서 느낌과 기분이 어떠했는지를 나누세요. 가정이 다른 사람들을 향해 열려 있어서 하나님의 사람을 환대하는 방안을 나누고 대접할 사람들이 있다면 구체적으로 계획을 세워 실천하세요. 이를 위해 같이 기도하는 시간을 가지세요.

창세기18:16-33

아브라함이 또 이르되 주는 노하지 마옵소서 내가 이번만 더 아뢰리이다 거기서 십 명을 찾으시면 어찌 하려 하시나이까 이르시되 내가 십 명으로 말미암아 멸하지 아니하리라(창18:32)

26. 아브라함의 중보기도

아브라함의 중보(작가미상. ?)

여호와께 능하지 못한 일이 있겠느냐? 하나님이 아브라함과 사라에게 하신 말씀이다. 하나님은 모든 것을 할 수 있다. 그러나 그분은 공의와 정의로 행하는가? 천사들이 일어나 소돔으로 갈 때 하나님은 자신이 하려는 것을 아브라함에게 알려준다. 아브라함은 강대한 나라가 되고 천하만민은 그를 통해 복을 받게 될 것이다. 하나님은 열방이 아브라함을 통해 복을 받음으로 소돔과 고모라가 이러한 복에서 제외되는 것을 알린다. 또한 하나님은 아브라함의 후손들이 정의와 공의를 배우기 원한다(창18:18-19). 하나님은 소돔과 고모라의 부르짖음이 커서 죄악을 확인하기 위해 직접 가서 보기를 원한다. 이는 하나님의 심판이 정확한 정보와 공의에 근원을 두고 있음을 보여준다. 천사들은 소돔으로 가고 아브라함은 하나님 앞에서 중보기도를 드린다.

아브라함은 소돔 성안에 의인이 남아있다고 확신해서 하나님의 공의에 근거해 기도한다. "주께서 의인을 악인과 함께 멸하려 합니까? 그 성중에 의인, 50, 45, 30, 20, 10명을 찾아도 그 곳을 멸하려 합니까? 의인을 위해 용서하지 않으십니까? 하나님이 의인을 악인과 함께 죽이는 것은 부당합니다. 세상을 심판하시는 이가 정의를 행해야 되지 않습니까?" 이러한 아브라함의 중보기도에 하나님은 한결같이 내가 거기서 의인 50, 45, 30, 20, 10명을 찾으면 의인들로 말미암아 멸하지 않을 것이라 말한다. 의로운 사람이 10명만 있어도 소돔과 고모라는 구원받는 것이다. 아마도 하나님은 거기서 의인 한 명을 발견했어도 소돔과 고모라를 멸하지 않았을 것이다.

우리가 언약 구성원인 롯이 어떻게 구원받았는가를 보면 알 수 있다(창19장). 이는 하나님의 심판이 공의롭고 정의롭다는 것을 보여준다. 아브라함은 이러한 하나님의 공의를 의지하여 중보기도를 드렸고 기도에 대한 응답은 분명하였다. 그가 간구한 것은 공의와 정의였기 때문에 그의 기도는 거만하거나 하나님의 심기를 거슬리는 기도가 아니라 겸손과 하나님의 뜻을 위한 기도였다.

그러면 하나님의 공의를 신뢰하지 않는 지금 시대에 그리스도인의 가정은 어떠해야 하는가? 우리는 하나님 앞에서 의롭게 살아야 하며(언약관계 안에서), 자녀에게 공의를 가르치고, 의인을 위한 중보기도를 해야 한다. 하나님은 의인 한 명을 위해서도 세상(악인들)을 보존하시기 때문이다.

생각하기

1) 왜 하나님은 아브라함에게 자신이 하려는 것을 알렸나요?

2) 하나님은 심판을 소돔과 고모라에게 행하기 위해 어떤 일을 하였나요?

3) 아브라함의 중보기도에 대한 하나님의 응답은 어떠했나요?

4) 말씀에서 하나님의 성품에 대해 알 수 있는 부분은 무엇인가요?

함께 기도하기

우리 가족 구성원이 다른 사람을 위해 중보기도를 한 적이 있나요? 그 때 어떤 동기를 가지고 기도했는지 이야기를 나누세요. 공의와 정의가 동기가 되어 중보기도 한 적이 있는지 이야기해 보세요. 가족 구성원이 정의와 공의를 기반으로 기도제목을 나누고 중보기도가 필요한 사람을 위해 정기적으로 기도하는 시간을 가지세요.

창세기19:1-29

그러나 롯이 지체하매 그 사람들이 롯의 손과 그 아내의 손과 두 딸의 손을 잡아 인도하여 성 밖에 두니 여호와께서 그에게 자비를 더하심이었더라(창19:16)

27. 소돔과 고모라의 심판

소돔과 고모라의 멸망(John Martin, 1852)

아브라함의 중보는 끝났고 두 천사는 소돔으로 향한다. 롯은 소돔 성문에 앉아 있다가 천사들을 영접하여 자신의 집으로 맞아들여 대접한다. 고대 근동에서는 높은 지위를 가지고 있거나 존중 받는 사람은 성문에 앉아 공동체에서 일어나는 법적인 문제를 판결하는 일을 하였다. 두 천사가 롯의 집에 들어와서 쉬려고 할 때 남녀 노소를 불문한 소돔 백성들이 롯의 집에 몰려와 그 사람들을 요구했다. 이들의 요구는 성적 관계에 대한 것으로 소돔과 고모라의 극심한 성적 타락을 보여준다. 롯은 이들을 보호하기 위해 문을 막아서지만 역부족이었다. 롯은 소돔 군중에게 간청을 하지만 그들은 막무가내였다. 오히려 롯이 그 사람들을 대신해 자신의 딸을 내놓겠다고 하지만 소돔의 군중들은 롯의 행동을 못마땅하게 여기면서 그를 해하려고 달려들었다. 위기일발의 때에 하나님의 사람들은 롯을 보호하기 위해 소돔 군중들의 눈을 어둡게 만든다.

천사들은 롯에게 가족들을 데리고 소돔을 떠나라고 재촉한다. 롯이 나가서 딸들과 결혼할 사위들에게 말하지만 사위들은 롯의 말을 듣지 않는다. 롯이 떠나기를 지체하자 천사들은 롯을 재촉하여 아내와 두 딸의 손을 잡아 인도하여 성을 떠나게 한다. 롯은 두렵고 떨려 천사들이 말하는 산은 가지 못하고 소알이라는 작은 성읍으로 도망가게 해달라고 부탁한다. 천사들은 그의 소원을 들어주고 네가 거기에 가기까지 아무 것도 하지 않을 거라고 말한다. 롯이 소돔을 떠났을 때 하나님은 소돔과 고모라에 유황과 불을 내려 그곳을 심판한다. 롯의 아내는 뒤를 돌아보아 소금기둥이 된다.

하나님은 아브라함의 중보기도를 생각하여 그의 조카 롯을 소돔과 고모라에 대한 심판에서 살아남게 한다. 의인이 의인을 위한 중보기도를 하나님은 기억하고 계셨다. 롯은 스스로 세상에서 보기 좋은 곳(소돔과 고모라)을 선택해 찾아갔었다. 소돔과 고모라를 선택한 롯은 하나님께 저항하는 사회와 문화에 타협하고 순응하여 도덕적 불감증을 낳는 모습으로 나타났다. 그러나 아브라함은 하나님을 믿음으로 척박한 땅에 살면서 의인을 위한 기도를 통해 응답 받는 삶으로 나타났다.

현대의 그리스도인 가정은 어떠한가? 세속의 개인주의, 이기주의가 득세하는 문화와 관행 속에서 우리의 가정은 어떤 모습을 가져야 하는가? 그리스도인 가정은 세상 속에 있으되 세상에 속해 있지 않아야 한다.

생각하기

1) 롯이 성문에 앉아 있다가 영접한 사람들은 누구인가요?

2) 그들은 왜 소돔을 방문 했나요?

3) 소돔과 고모라는 하나님 앞에서 어떤 곳이었나요?

4) 왜 천사들은 롯을 소돔과 고모라에 대한 심판에서 구원했나요?

함께 기도하기

세상의 삶은 하나님의 뜻을 위한 삶과는 다릅니다. 그러나 우리는 세상에서 살아가고 있습니다. 세상에서 살되 세상에 속하지 않는 것이 그리스도인의 가정입니다. 가족 구성원과 세상적 삶에 대해 나누세요. 세상에 물들지 않기 위해 무엇을 할 수 있는지 나누고 기도하세요.

창세기19:30-38

　　롯이 소알에 거주하기를 두려워하여 두 딸과 함께 소알에서 나와 산
에 올라가 거주하되 그 두 딸과 함께 굴에 거주하였더니(창19:30)

28. 롯과 두 딸들

롯과 그의 딸들(Orazio Lomi Gentileschi, 1621)

롯의 가정이 소돔과 고모라에서 나갈 때 롯의 아내는 뒤를 돌아보아 소금기둥이 되었다. 롯의 아내는 하나님이 주신 구원보다는 소돔과 고모라에 두고 온 재물과 쾌락에 대한 미련, 아쉬움, 갈망을 가지고 있었을 것이다. 롯 아내의 마음은 소돔을 향해 있었고 그것은 심판으로 나타났다. 롯은 소알에 거주하는 것이 두려웠다. 그래서 두 딸과 함께 산에 올라가 동굴에 거주한다. 롯의 두 딸은 아버지 롯에게 술을 마시게 한 후에 번갈아 가며 동침한다. 그러나 롯은 자신의 딸들과 동침한 사실을 전혀 알지 못한다. 고대 근동에서는 근친간의 결혼이 통용되는 시대였다. 그러나 모세를 통해 주신 하나님의 말씀(율법)에서 근친 결혼은 엄격히 금지되어 있다. 그만큼 소돔과 고모라의 타락한 문화는 롯의 가정을 병들게 만들었다. 서슴지 않고 롯의 딸들은 아버지에게 술을 먹이고 동침한다. 롯 또한 술에 취해 딸들이 자신과 동침한 사실을 알아채지 못한다. 롯의 가정은 영적 소경이 된 비참한 모습을 보여준다.

타락한 세상 문화 속에 익숙해져서 분별 없이 살아가는 것은 위험천만한 일이다. 세상 가운데 속한 것들을 사랑한다면 어느 순간에 갑작스럽게 다가오는 하나님의 심판을 견디기 어려울 것이다. 롯은 영적으로 태만한 자의 전형이다. 그는 놀라운 구원의 은혜를 받았지만 세상 가운데서 결단을 내리지 못했으며 자원해서 구원의 은혜에 동참하지 못한 사람들의 본보기이다. 성경은 세상에 대한 심판이 신속하며 예기치 않게 다가 온다고 말한다(마24-25장). 롯의 두 딸은 아버지로 말미암아 임신을 한다. 큰 딸은 아들을 낳아 모압(아버지로부터)이라 이름을 짓고 작은 딸은 벤암미(일가 친척)라고 이름을 짓는다. 이들의 이름은 근친간의 성적 관계를 보여주는 뜻을 내포하고 있다. 모압은 나중에 모압 자손의 조상이 되고 벤암미는 암몬 자손의 조상이 된다. 이 두 민족은 평생 이스라엘 백성의 대적이 되어 이스라엘을 괴롭히다가 역사 속으로 사라진다.

그리스도인의 가정은 세상 문화 안에서 살아가고 있다. 영적 분별력을 가지고 그리스도인의 가정이 세워지지 않으면 어느 순간에 세상의 문화를 통해 세속적인 사상과 가치관이 우리의 삶에 스며들지 모르는 일이다. 그리스도인의 가정은 성경적인 세계관으로 무장해야 한다.

세계관은 세상을 바라보는 안목과 신념의 틀이다. 모든 사람들은 각자 나름대로의 세계관적 틀로 세상을 바라본다. 영적으로 거듭난 그리스도인의 내면에는 하나님의 생명이 살아 역사함으로 세속적 세계관에서 성경적 세계관으로 변화될 수 있는 터전을 가지고 있다. 그리스도인 가정은 세속적인 세계관이 아니라 성경적 세계관이 자연스럽게 자라나게 하는 터전이요 보금자리가 될 수 있다. 특히 가정에서 부모의 역할이 중요하다. 우리 부모는 성경적인 신념과 세계관을 가지고 살아가고 있는가?

생각하기

1) 롯은 왜 소알에서 산에 있는 동굴에 들어가 살게 되었나요?

2) 롯의 두 딸은 어떤 일을 행하였나요?

3) 왜 롯의 두 딸은 아버지와 동침하였나요?

4) 롯의 가정이 소돔과 고모라에서 배운 것은 무엇일까요?

함께 기도하기

세상 문화 안에서 그리스도인 가정에 해로운 것은 어떤 것이 있을까요? 가족 구성원이 속해 있는 외적 환경에서 하나님 말씀과 다른 부분에 대해 나누세요. 문제가 무엇인지를 나눈 다음 성경적 해결책에 대해 의견을 나누세요. 그리고 어떻게 세상 문화 안에서 그리스도인으로 살아갈 것인가에 대해 기도제목을 나누고 같이 기도하세요.

창세기20:1-18

　　이제 그 사람의 아내를 돌려보내라 그는 선지자라 그가 너를 위하여
기도하리니 네가 살려니와 네가 돌려보내지 아니하면 너와 네게 속한 자
가 다 반드시 죽을 줄 알지니라(창20:7)

29. 아브라함과 아비멜렉

아비멜렉 앞에서의 아브라함과 사라

(Johann Heinrich Roos, 1681)

아브라함은 네게브 땅으로 들어가 그랄에 거주한다. 그는 이곳에 서도 애굽으로 내려갔을 때와 비슷한 실수를 한다. 강력한 그랄 왕 아비멜렉에 대한 두려움은 사라를 자신의 아내가 아니라 누이라고 말하게 하였다. 아비멜렉은 사람을 보내 사라를 자신의 왕궁으로 맞아들인다. 다시 한번 하나님이 아브라함과 사라를 통해 맺은 자녀에 대한 축복과 언약이 아브라함의 거짓말로 위기를 맞이한다. 그러나 하나님은 주권적 섭리로 아브라함과 사라의 혼인에 대한 순결을 보호한다. 그 날밤 하나님은 아비멜렉의 꿈에 나타나 사라는 남편이 있는 여인임으로 네가 죽을 것이라 경고한다. 그러나 아비멜렉은 온전한 마음과 깨끗한 손으로 그 여인이 아브라함의 누이라는 말을 듣고 데려왔다고 자신의 억울함을 하나님께 청원한다.

하나님은 모든 것을 아는 분이다. 하나님은 아비멜렉에게 온전한 마음으로 그렇게 행한 것을 알고 있어서 네가 여인에게 범죄하지 않도록 하였다고 말한다. 하나님의 공의로운 섭리는 아비멜렉에 대해 죄를 짓지 않도록 인도한다. 하나님은 주권적인 섭리로 자신의 계획을 보존하시기 위해 선택 받은 사람들을 눈동자 같이 보호한다. 하나님은 아비멜렉에게 사라를 돌려보내고 아브라함이 기도하면 네가 살지만 사라를 돌려보내지 않으면 아비멜렉의 가문은 멸망할 것이라 경고한다. 아비멜렉은 아침에 자신의 사람들과 상의하고 아브라함을 불러 왜 자기를 곤경에 빠뜨렸는지 묻는다. 아브라함은 하나님을 두려워하지 않는 이곳에서 아내로 말미암아 죽을까 두려웠다고 말한다. 아비멜렉은 아브라함에게 사라, 양, 소, 종들을 보내면서 보기에 좋은 곳에 거주하라고 한다. 사라에게는 은 천 개를 주어 아브라함과 사라의 명예 손상에 보상을 한다. 아브라함은 아비멜렉을 위해 기도하여 하나님이 막아놓았던 생명 출산의 은혜가 다시 그 집안에 베풀어지도록 한다.

우리의 실수와 죄는 하나님의 선택을 통해 이루어 가는 그분의 뜻을 위태롭게 한다. 그러나 하나님은 모든 생명을 주관하는 분이다! 그리스도인의 가정은 그의 계획 안에서 선택함을 받았다. 하나님의 주권적 섭리는 그리스도인의 가정을 보호한다. 연약할 때에도 하나님은 우리를 지키고 있다. 그분의 보호하는 섭리를 경험하는 가정은 하나님의 평강을 누린다. 그리스도인의 가정은 하나님의 주권적 섭리를 볼 수 있는 특권을 가진 가정이다. 부모는 가정에서 자녀가 하나님의 주권적 섭리를 볼 수 있도록 노력해야 한다. 부모가 영적인 분별력과 말씀 안에서 성경적 세계관을 가지고 자녀들과 삶의 다양한 영역에서의 고민과 폭넓은 대화가 가정에서 지속되어야 한다.

생각하기

1) 아브라함은 자신의 아내인 사라를 왜 누이라고 소개했나요?

2) 아비멜렉 왕은 하나님께 무엇을 청원했나요?

3) 하나님은 아비멜렉 집이 살기 위해 어떻게 해야 한다고 말했나요?

4) 하나님은 우리 가정을 어떻게 지켜주나요?

함께 기도하기

그리스도인의 가정은 하나님이 주권적 섭리를 통해 보호하십니다. 위기 순간에 하나님은 어떻게 우리를 도왔는지 나누세요. 지금 우리 가정의 위기는 무엇이며 위기에 대한 하나님의 섭리가 무엇인지 이야기 하세요. 이에 대해 하나님의 섭리를 발견하게 해달라고 같이 기도하세요.

창세기21:1-21

아브라함이 그의 아들 이삭이 그에게 태어날 때에 백 세라 사라가
이르되 하나님이 나를 웃게 하시니 듣는 자가 다 나와 함께 웃으리로다
(창21:5-6)

30. 이삭의 출생과 이스마엘

이삭의 출생(작자 미상, ?)

하나님의 약속은 반드시 성취된다. 하나님의 말씀대로 사라는 임신을 한다. 아브라함의 나이 100세가 되었을 때 이삭이 태어난다. 아브라함은 아들의 이름을 이삭(웃는 자)이라고 짓고 8일 만에 하나님의 말씀대로 이삭에게 할례를 행한다. 사라는 하나님의 약속이 성취됨을 보고 하나님이 나를 웃게 한다고 말하면서 하나님을 찬양한다. 오랜 기다림 끝에 하나님의 언약은 성취되었다.

하나님의 말씀과 약속은 하나님의 때에 반드시 성취된다. 우리의 믿음과 인내는 언제나 연약하지만 하나님은 연약함을 통해서도 언약을 이루어 간다. 그리스도인의 가정에 준 하나님의 언약과 약속도 우리의 생각과 방법이 아니라 하나님의 방법으로 이룬다. 그 방법이 고통과 아픔을 주는 것이라도 그렇다.

이삭이 자라고 젖을 떼는 날에 아브라함은 이삭을 위해 큰 잔치를 베푼다. 이때 하갈의 아들 이스마엘이 이삭 놀리는 것을 사라가 본다. 이스마엘은 하나님 언약의 증거인 이삭에게 육체적, 언약적으로 거슬리는 존재가 되었다. 하갈을 통해 인간적인 방법으로 얻은 아들인 이스마엘은 언약의 자손이 아니다. 그러나 육체적으로는 아브라함의 자손이 되었다. 사라는 아브라함에게 애굽 여인과 이스마엘은 이삭과 함께 기업을 얻지 못하니 내쫓으라고 말한다. 아브라함은 근심한다. 이스마엘도 자신의 육적인 자식이기 때문이다. 그러나 하나님은 아브라함에게 근심하지 말라고 하면서, 아브라함과 사라를 통해 태어난 이삭만이 약속의 자손임을 분명히 한다. 하나님은 이스마엘에게도 은혜를 베풀어 한 민족을 이루게 할 것이라고 말한다.

하나님은 은혜와 긍휼이 풍성하다. 언약 자손이 아닌 이스마엘도 하나님은 긍휼로 인도한다. 우리의 손이 닿지 않는 곳에도 하나님의 손은 일하고 있다.

아브라함은 믿음의 결단을 내린다. 아브라함은 아침 일찍 떡과 물한 가죽부대를 하갈에게 주고 이스마엘을 데리고 떠나게 한다. 하갈과 이스마엘은 브엘세바 근처에서 방황한다. 하갈이 아이가 죽는 것을 차마 보지 못하고 울고 있을 때, 하나님의 사자가 그녀에게 나타난다. 하나님은 이 아이가 큰 민족을 이루게 될 것이라고 말한다. 이일 후에 하갈과 이스마엘은 바란 광야에 거주하면서 살아간다.

하나님은 언약 자손이 아닌 하갈과 이스마엘에게도 은혜를 베푼다. 하나님이 아브라함의 가정에 베푼 신실함은 그리스도인의 가정에도 적용된다. 하나님의 언약 공동체 안으로 들어온 그리스도인의 가정을 향한 하나님의 언약적 신실함은 영원하다. 언약의 축복은 주변으로 확장될 것이다.

생각하기

1) 왜 사라는 하나님이 자신을 웃게 한다고 말했습니까?

2) 왜 하나님은 하갈과 이스마엘이 떠나도록 허락했습니까?

3) 하나님은 하갈과 이스마엘에게 어떤 약속을 주었습니까?

4) 하나님의 약속은 장애물과 어려움이 있어도 그 결과는 어떠합니까?

함께 기도하기

그리스도인의 가정은 언약 공동체로 부르신 가정입니다. 우리 가정에 하나님이 주신 약속이나 응답이 있는지를 나누세요. 하나님은 약속을 어떻게 이루어 가는지 같이 이야기해 보세요. 하나님 약속의 성취를 발견하기 위해 기도제목을 나누고 같이 기도하세요.

창세기21:22-34

그 때에 아비멜렉과 그 군대 장관 비골이 아브라함에게 말하여 이르
되 네가 무슨 일을 하든지 하나님이 너와 함께 계시도다(창21:22)

31. 아비멜렉과 협정체결

아브라함과 아비멜렉(Nicolaes Berchem, 1665-1670)

아브라함이 거주한 지역의 통치자인 아비멜렉과 그의 군대 장관은 아브라함에게 하나님이 언제나 함께함을 깨닫는다. 아비멜렉은 아브라함과 평화협정을 맺기를 원한다. 아비멜렉은 자신과 아브라함의 자손 사이에 거짓되게 행하지 않고 서로 평화롭게 살 것을 하나님의 이름으로 평화협정 체결을 제안한다. 아브라함은 흔쾌히 협정을 승낙한다. 이는 하나님이 아브라함에게 행하신 일에 대한 주변 이웃과 사회의 인정이었으며 그에게도 유익이 되는 일이었다.

하나님은 주변 사람들에게 하나님의 사람이 인정 받도록 인도한다. 그리스도인의 가정도 하나님의 은혜 안에서의 삶의 태도와 모습을 통해 주변 일가 친척들에게 하나님의 축복을 누리는 삶의 모습으로 인정받아야 한다.

아브라함은 아비멜렉과 협정을 체결하기 전에 그의 종들이 우물을 빼앗았다고 책망한다. 아비멜렉은 누가 그리하였는지 알지 못하고 자신도 이제 들었다고 말한다. 아브라함은 이러한 분쟁을 평화롭게 해결하기를 원했다. 하나님의 자녀는 될 수만 있으면 평화의 자녀가 되어야 한다. 아브라함은 양과 소를 가져와 아비멜렉에게 주고 자손에 대한 평화협정을 맺는다. 또한 아브라함은 암양 새끼들을 아비멜렉에게 주면서 우물에 대한 자신의 법적 권리와 그 땅에서 평화롭게 거할 수 있도록 언약을 체결한다. 7마리의 암양 새끼를 통해 아브라함은 우물을 자신이 팠음을 분명히 한다. 우물에 대한 권리 확보는 자신에게 주어진 하나님의 지속적인 축복의 상징으로 미래의 자녀들에 대한 안전을 보장하는 약속이다. 두 사람은 그곳을 브엘세바(맹세의 우물)라고 이름하면서 평화 언약을 체결한다. 아브라함은 브엘세바에 에셀 나무를 심는다. 나무는 물의 지속적인 공급이 필요하고 아브라함이 그 지역에서 거주하겠다는 결심을 보여준다. 물과 나무는 영원한 하나님의 보호와 공급에 대한 상징이다. 아브라함은 이곳에서 영원하신 여호와 하나님의 이름을 부르며 예배를 드린다.

아브라함의 자손은 이러한 상징을 통해 나중에 이곳에서(브엘세바) 평화롭게 거하는 것이 무엇인지를 이해할 것이다. 아브라함의 주변 민족, 이웃과의 평화협정은 그리스도인의 가정이 주변 이웃과 친척들을 향한 샬롬이 어떠해야 하는지 보여준다. 아브라함과 아비멜렉의 협정은 공의가 충족된 샬롬의 모습을 가졌다. 샬롬은 공의와 정의가 충족된 관계지향적 평화이다. 세상의 부정부패는 공의가 충족되지 못함으로 샬롬이 임하기 힘들다. 그러나 그리스도인은 예수 그리스도의 은혜로 먼저 하나님과의 관계에서 샬롬을 누린다. 이러한 하나님과의 샬롬은 이웃과의 관계에서도 샬롬을 임하게 하는 기반을 형성한다. 영원한 하나님의 공급하심과 보호하심 안에서 그리스도인의 가정은 예수 그리스도를 통해 공의와 정의가 충족된 모습으로 이웃에게 샬롬을 가져와야 한다.

생각하기

1) 아비멜렉과 그의 군대장관이 아브라함에게서 발견한 것이 무엇입니까?

2) 아브라함과 아비멜렉이 맺은 협정은 무엇입니까?

3) 아브라함에게 있어서 물과 우물은 무엇을 상징합니까?

4) 아브라함은 왜 브엘세바에 나무를 심었습니까?

5) 하나님은 우리가 이웃, 일가 친척과 어떤 관계 맺기를 원하십니까?

함께 기도하기

그리스도인의 가정은 영원하신 하나님의 보호와 공급을 받는 가정입니다. 우리는 어떻게 하나님의 보호와 공급을 받았는지 이야기해 보세요. 우리가 영원한 하나님의 공급을 받고 있다면 이웃, 일가친척들과 어떤 관계를 맺어야 하는지 이야기를 나누세요. 한주간 동안 구체적으로 이웃을 어떻게 섬겨야 하는지를 나누고 같이 기도하세요.

창세기22:1-19

아브라함이 그 땅 이름을 여호와 이레라 하였으므로 오늘날까지 사람들이 이르기를 여호와의 산에서 준비되리라 하더라(창22:14)

32. 아브라함이 바친 이삭

이삭을 제물로 드림(Rembrandt, 1635)

하나님은 아브라함의 믿음을 시험하기 위해 사랑하는 독자 이삭을 지정한 장소에 가서 번제로 드리라고 명령한다. 아브라함이 100세에 얻은 이삭은 하나님께서 약속한 소중한 언약의 자녀이다. 그러나 아브라함은 지체하지 않는다. 아침 일찍 일어나 나귀에 안장을 지우고 이삭을 데리고 하나님이 일러준 장소로 간다. 아브라함은 데려온 종에게 이삭과 함께 예배하고 올 테니 기다리라 말하고 아들과 함께 지정된 장소로 간다. 이삭이 아브라함에게 불과 나무는 있는데 번제 할 어린양은 어디 있느냐 묻자 아브라함은 하나님께서 친히 준비할 것이라 대답한다. 아브라함이 하나님이 일러 준 장소에 도착하자 제단을 쌓고 나무를 놓고 이삭을 결박하여 칼로 잡으려고 할 때, 여호와의 사자는 급히 하늘에서 아브라함을 부른다.

하나님의 사자는 아브라함의 순종과 믿음을 인정한다. 아브라함이 눈을 들어 살핀즉, 숫양 한마리가 수풀에 뿔이 걸려있는 것을 보고 아들을 대신해 숫양을 번제로 드린다. 아브라함은 그곳 이름을 여호와 이레(여호와께서 준비하심)라 명명한다. 하나님은 자신을 가리켜 맹세하기를 아브라함에게 큰 복을 주고 그의 자손이 하늘의 별과 바닷가의 모래와 같을 것이며 그의 씨가 대적의 성문을 차지할 것이라 말한다. 또한 아브라함의 씨로 천하 만민이 복을 받을 것이라 축복한다.

이러한 축복은 아브라함과 이삭의 씨로 오신 예수 그리스도를 통해 이루어졌다. 예수 그리스도를 믿는 성도들의 순종은 아브라함에게 준 하나님의 언약 축복에 대한 성취이다. 하나님은 그리스도인의 가정에 자녀들을 통해 믿음과 순종의 시험을 한다.

하나님이 약속하신 말씀에 믿음으로 순종할 것인가 아니면 당장 눈앞에 보이는 자녀들의 유익을 따라 행할 것인가에 대한 선택의 순간이 있다. 당장 눈에 보이는 유익을 따라 행할 것인가? 아니면 영원하신 하나님의 말씀을 선택할 것인가? 여기 이삭의 아버지 아브라함의 예가 있다. 아브라함은 하나님과 동행하면서 믿음이 성장하였다. 하나님의 말씀에 지체하지 않고 순종한 아브라함, 하나님이 친히 준비하시리라는 고백적 믿음, 죽은 자를 살릴 줄 알고 이삭을 드린 신앙(히11:19), 이삭의 아버지 아브라함은 하나님을 향해 분명한 선택을 하였다. 우리는 어떤 선택을 할 것인가?

생각하기

1) 왜 하나님은 아브라함에게 이삭을 드리라 하였습니까?

2) 아브라함은 어떻게 행동했나요?

3) 여호와 이레는 어떤 뜻을 가지고 있으며 의미는 무엇입니까?

4) 하나님은 아브라함을 어떻게 축복하였습니까?

5) 아브라함이 받은 축복은 많은 사람들에게 어떻게 나타났습니까?

함께 기도하기

가정에서 하나님의 말씀과 자녀의 유익에 대해 선택을 필요로 하는 순간이 있었나요? 가정에서 이런 선택의 순간이 있었던 경험을 나누세요. 선택의 결과는 어떠했는지 나누세요. 우리가 한 주 동안 어떤 결정을 해야 할 일들이 있는지 나누고 어떤 선택을 할 것인지 기도하세요.

창세기23:1-20

　나는 당신들 중에 나그네요 거류하는 자이니 당신들 중에서 내게 매
장할 소유지를 주어 내가 나의 죽은 자를 내 앞에서 내어다가 장사하게
하시오(창23:4)

33. 사라의 죽음

아브라함이 사라의 무덤에 동행하다(Tom Lovell, ?)

아브라함의 아내 열국의 어머니였던 사라는 127세에 가나안 땅 헤브론에서 죽는다. 아브라함은 사라의 죽음에 애통하면서 슬퍼한다. 열국의 어머니이며 하나님 언약의 최초 수혜자 사라는 언약적 성취를 보지 못하고 눈을 감는다. 아브라함 자신도 언약 성취를 보지 못하고 죽을 것이라는 사실을 직감했는지 모른다. 인간이 태어나 늙고 죽어가는 것은 엄연한 현실이다. 그러나 아브라함의 믿음은 사라의 죽음 앞에서도 위축되거나 줄어들지 않는다. 오히려 아브라함의 믿음은 역경과 죽음, 현실적인 언약적 성취를 보지 못하는 가운데서도 전진한다.

족장으로서 아브라함은 사라의 장례를 위해 자신의 고향 밧단 아람으로 돌아가는 것은 자연스런 일이었다. 그러나 아브라함은 가나안 땅에 매장지를 사서 그곳에 사라를 장사하기 원한다. 이는 아브라함이 가나안 땅의 부분을 자기 자손들에 대한 조상의 고향으로 만들려는 의도가 분명하다. 이곳은 하나님이 아브라함에게 약속한 언약의 땅이다.

아브라함이 헤브론의 막벨라를 사서 고향을 만든 것은 밧단 아람과의 관계를 끊고 하나님의 언약을 따라가는 믿음의 행위를 보여준다. 이러한 아브라함의 모습은 그의 믿음이 사라의 죽음을 통해 더 굳건해지고 있다는 것을 보여준다. 아브라함은 헷 족속에게 자기의 죽은 자를 장사하게 해달라고 부탁한다. 헷 족속은 아브라함을 하나님이 세운 지도자로 인정하면서 자신들의 묘실에서 좋은 곳을 택해 장사하라 한다. 그러나 아브라함은 정중하게 자신이 막벨라 굴을 충분한 대가를 지불하여 소유 매장지로 삼게 해달라 부탁한다.

헷 족속의 에브론은 아브라함에게 막벨라 굴과 밭을 준다고 하였지만 아브라함은 밭 값을 주면서 죽은 자를 장사하겠다고 한다. 아브라함은 에브론과 모든 헷 족속이 듣는 가운데 마므레 앞 막벨라에 있는 밭과 굴, 나무를 은 사백 세겔을 달아 에브론에게 주고 자신의 소유 매장지로 산다. 아브라함은 이곳에 아내 사라를 장사한다. 아브라함은 하나님 언약에 대한 축복을 죽음을 넘어선 소망에 대한 증거로 가나안 땅의 일부를 매장지로 소유한다.

이러한 아브라함의 소망은 그리스도인 가정의 소망이다. 믿음으로 살아가는 가정의 소망은 영원하고 갈수록 기쁨이 커져간다. 왜냐하면 우리의 소망은 죽음을 넘어 하나님이 예비하신 곳을 바라보는 소망이기 때문이다. 가정에 많은 연약함이 있다 할지라도 낙심하지 말자. 하나님 언약에 대한 우리의 이해는 한계가 있으며 제한적이지만 하나님의 신실함은 우리를 향한 언약적 성취를 이루어 간다. 그러나 우리의 방식과 이해가 아니라 하나님의 방식으로 되어질 것이다.

생각하기

1) 아브라함이 사라의 죽음을 어떻게 이해했나요?

2) 아브라함은 왜 가나안 땅에 소유 매장지를 사려 했나요?

3) 헷 족속은 아브라함을 어떻게 알고 있었나요?

4) 창 23장에서 아브라함의 믿음이 성숙한 증거는 무엇인가요?

함께 기도하기

가정에서 장례에 참석한 경험이 있나요? 그리스도 안에서 믿는 성도의 죽음과 믿지 않는 사람들의 죽음이 어떻게 다른지 이야기해 보세요. 그리스도인이 죽음을 넘어선 믿음을 가진다는 것은 무엇일까요? 우리 가정의 미래에 대한 언약적 소망을 하나님이 하나님의 방식대로 이루어 갈 것에 대해 나누고 하나님의 언약 안에서 소망에 대한 기도 제목을 나누고 같이 기도하세요.

창세기24:1-67

내가 너에게 하늘의 하나님, 땅의 하나님이신 여호와를 가리켜 맹세
하게 하노니 너는 내가 거주하는 이 지방 가나안 족속의 딸 중에서 내
아들을 위하여 아내를 택하지 말고 내 고향 내 족속에게로 가서 내 아들
이삭을 위하여 아내를 택하라(창24:3-4)

34. 아브라함의 종과 리브가

이삭의 아내 리브가(Nicolas Poussin, 1640)

아브라함이 나이 많아 늙었을 때 하나님은 범사에 복을 준다. 이때 아브라함은 가장 신뢰하는 종을 불러 중요한 일을 부탁한다. 그는 늙은 종에게 하나님께 맹세시키면서 자신이 거주하는 가나안 땅에서 이삭의 아내를 택하지 말고 자기 고향, 족속으로 가서 이삭의 아내를 택하라 부탁한다. 아브라함은 저주받은 가나안 족속이 아닌 축복 받은 셈 족속 중에서 이삭의 아내 얻기를 바란다. 아브라함은 종을 하나님의 섭리에 의탁하면서 자신의 고향 땅으로 보낸다. 신실한 아브라함의 종은 메소포타미아 나홀의 성에 이르러 낙타를 성 밖 우물 곁에 두고 살아계신 하나님께 순탄하게 주인 아들의 아내가 될 사람을 만나게 해달라 기도한다.

종은 철저히 하나님을 의지하면서 아브라함에게 충성을 다한다. 아브라함의 종이 기도를 마쳤을 때 성중 사람의 딸들이 물을 길으러 우물 곁으로 다가온다. 종은 한 소녀에게 마실 물을 청한다. 종은 우물가에서 마실 물을 청할 때 기꺼이 응답하는 여인이 하나님이 인도해준 여인으로 알 것이라 기도했다. 종이 말을 건넨 소녀는 리브가로 아브라함의 동생 나홀의 아내 밀가의 아들 브두엘의 소생이었다. 리브가는 종에게 마실 물을 주고 낙타에게도 물을 주었다. 종은 소녀가 누구인지 확인하고 순탄하게 인도한 하나님께 경배하고 리브가를 따라 아브라함 동생 집에 이른다. 아브라함의 종은 리브가의 오라버니 라반의 집에 이르러 음식 먹기 전에 자초지종을 자세히 이야기한다. 아브라함의 뜻과 자신이 하나님께 기도한 것, 리브가를 만나게 된 내용, 하나님의 인도하심에 대해 말한다.

이야기를 듣고 라반과 브두엘은 리브가를 이삭의 아내가 되도록 허락한다. 아브라함의 종은 즉각적으로 리브가를 데리고 떠날 채비를 한다. 은금 패물과 의복을 꺼내 리브가와 오라버니, 어머니에게 혼인 선물로 준다. 신실한 종은 한시도 지체하지 않고 리브가를 데리고 이삭이 있는 브엘라해로이로 돌아온다. 이삭은 리브가를 사라의 장막으로 들여 아내로 삼고 사랑한다.

창24장의 이야기는 하나님의 섭리 안에서 충성스런 사람을 통해 하나님이 어떻게 한 가정을 이루고 언약적 축복을 이어가는지를 보여준다. 남녀가 만나 한 가정을 이루는 것은 하나님의 섭리로 이루어진다. 그리스도인의 가정은 하나님의 언약적 축복이 새로운 만남과 관계를 통해 이어지는 통로이다. 하나님 안에서의 결혼은 하나님의 섭리 안에서 이루어진다. 하나님 안에서의 만남은 거룩하다.

생각하기

1) 왜 아브라함은 가나안에서 이삭의 아내를 얻지 않고 자신의 고향, 족속
   에 서 얻기를 원했나요?

2) 아브라함의 늙은 종은 어떤 사람이었나요?

3) 하나님은 아브라함의 신실한 종을 어떻게 인도했나요?

함께 기도하기

전혀 다른 두 사람의 만남을 통해 한 가
정은 이루어집니다. 남녀가 만나 한 가정
을 이루는 것은 거룩한 만남으로 하나님
의 특별한 섭리가 그리스도인 가정에는
있습니다. 아빠 엄마의 처음 만남에 대한
이야기, 가정에 자녀가 태어난 것을 하나
님의 섭리 안에서 나누세요. 가정을 향한
현재의 하나님의 섭리가 무엇인가를 생각
하고 각 가족 구성원을 위해 기도하세요.

창세기25:19-26

여호와께서 그에게 이르시되 두 국민이 네 태중에 있구나 두 민족이
네 복중에서부터 나누이리라 이 족속이 저 족속보다 강하겠고 큰 자가
어린 자를 섬기리라 하셨더라(창25:23)

35. 야곱과 에서의 탄생

야곱과 에서의 출생(Benjamin West, 1779 -1801)

이삭은 나이 40세에 리브가를 아내로 맞아 안정을 되찾는다. 그러나 족장의 아내였던 리브가는 20년 동안 임신을 하지 못하였다. 하나님은 아브라함에게 이삭을 통해 언약 자손을 약속하였다. 이삭은 걱정하기 시작한다. 이것이 이삭과 리브가가 기도하게 된 동기였다. 이삭이 하나님께 자손을 위해 간구할 때, 하나님은 이삭의 기도를 듣고 리브가에게 생명을 허락한다. 리브가에게 잉태된 생명은 기도의 응답으로 받은 초자연적인 역사였다.

하나님이 가정에 예비하신 축복을 누리지 못할 때 기도는 초자연적으로 예비된 축복의 통로가 된다. 또한 하나님은 주권적으로 생명을 주관한다. 그러나 이삭의 가정은 처음부터 혼동과 혼란이 있었다. 리브가의 태 속 아기들은 쌍둥이였고 그들은 어머니의 뱃속에서 강렬히 싸우고 있었다. 이삭과 리브가는 문제 해결을 위해 하나님께 기도한다. 하나님은 리브가의 태로부터 두 아들이 큰 부족의 족장들이 되고 그들은 서로 갈등할 것이며 형이 동생의 종이 된다고 말씀한다. 하나님은 주권적 선택으로 형이 아닌 동생을 선택한다. 고대 근동에서 장자의 권한은 족장의 권리와 재산의 두 배를 상속받을 수 있는 권리가 있었다. 야곱이 선택을 받게 된 것은 자신의 우월성이나 자연적인 순서, 인간의 의지가 아닌 하나님의 주권적인 선택을 통해서였다. 그리스도인의 가정은 하나님의 주권적 선택을 통한 은혜로 되어 하나님이 인도한다.

해산 기한이 되어 쌍둥이가 나왔다. 먼저 나온 아기는 온 몸이 붉고 털이 많아서 이름을 에서(붉음)라 지었고, 동생은 손으로 형의 발꿈치를 잡고 따라 나와서 야곱(발꿈치를 잡았다)이라 이름을 지었다. 이삭과 리브가는 아기들 출생의 특이한 상황을 주목하고 하나님의 말씀을 마음에 두며 이름을 지었을 것이다.

하나님 약속의 성취는 창조(하나님이 주권적으로 생명을 주심)와 선택(우월성, 인간의지, 순서가 아닌)을 통해 초자연적으로 이루어진다. 하나님의 축복에 참여하는 그리스도인은 하나님의 창조물이고 선택 받은 자들이다. 우리도 어떤 의미에서 이삭 가정의 상황과 비슷하다. 우리 가정에 있는 혼란과 어려움이 하나님의 계획과 뜻을 순간적으로 가리고 있을지라도 하나님의 인도하심은 여전하며 우리는 신뢰해야 한다. 우리의 기도로 하나님의 인도함을 깨달을 때 가정 환경은 다르게 보일 것이며 우리의 반응도 달라질 것이다.

생각하기

1) 이삭은 무엇을 위해 기도했나요?

2) 리브가의 태 속 아기들에 대해 하나님은 무엇이라 말씀하였나요?

3) 하나님은 왜 야곱을 선택했을까요?

4) 가정에 혼란과 어려움이 있다면 우리는 어떻게 해야 할까요?

함께 기도하기

가정에서 혼란과 어려움을 겪고 있는 일이 있다면 같이 이야기를 나누세요. 하나님은 모든 가정의 주인으로서 창조와 선택을 통해 가정을 이끌어 갑니다. 개인이나 가정이 혼란을 겪을 때 우리는 어떻게 해야 할까요? 각 가족 구성원이 나누고 하나님 안에서의 해결방안을 놓고 기도하세요

창세기25:27-34

　야곱이 이르되 형의 장자의 명분을 오늘 내게 팔라 에서가 이르되 내가 죽게 되었으니 이 장자의 명분이 내게 무엇이 유익하리요(창25:31 -32)

36. 장자의 명분을 판 에서

에서가 장자권을 팜(Hendrick ter Brugghen, 1627)

야곱과 에서는 장성하였다. 에서는 들에 나가 짐승을 사냥하는 사냥꾼이 되었고 야곱은 장막에 거주하는 조용한 사람이 되었다. 여기서 사냥꾼과 장막에 거하는 자는 대조를 이룬다. 사냥꾼은 들에서 살아감으로 거칠고 감각적이며 위험과 스릴을 즐기며 자유를 추구하는 삶이라 한다면, 장막에 거함은 온순하고 짐승을 돌보는 유목민적이며 신중한 삶의 모습을 보여준다. 이러한 야곱과 에서를 이삭과 리브가는 편애하는 사랑을 보여준다. 이삭은 에서가 사냥해 가져온 고기를 좋아해 에서를 사랑하였고, 리브가는 장막에 거하는 야곱을 사랑했다.

대부분 가정불화의 싹은 자녀에 대한 편애에서 시작됨을 안다면 이삭의 가정은 처음부터 불화의 싹을 가지고 있었다. 어느 날 야곱이 장막에서 죽을 만들었는데 에서가 피곤한 모습으로 사냥에서 돌아왔다. 에서는 야곱에게 피곤하니 죽을 먹게 해달라고 야곱에게 요청한다. 야곱은 에서에게 장자의 명분을 자신에게 팔면 죽을 주겠다고 한다. 에서는 배가 고파 죽겠는데 장자의 명분이 내게 무엇이 유익하냐고 하면서 야곱에게 장자의 명분을 판다.

에서는 세속적인 사람의 전형이다. 그는 자신의 본능이 이끄는 자연적인 삶과 자유를 즐기는 사냥꾼이다. 자기 멋대로인 삶을 즐기고 본능과 감각에 충실한 삶의 모습을 추구했다. 그는 자신의 본능적인 욕구와 만족을 위해 충동에 이끌렸고 생리적 욕구를 위해 영원히 가치 있는 것은 소홀히 여겼다. 에서에게는 당장 눈앞에 있는 것이 영원한 것보다 더 중요했다.

장자권은 하나님이 이삭 가정에 주신 언약적 축복으로 에서가 이 것을 경시하는 것은 하나님을 경시하는 것과 같았다. 반면에 야곱은 하나님의 것이 얼마나 중요한지 알았다. 야곱은 형에게서 장자권을 얻으려 치밀하게 계획하고 조작한다. 야곱은 에서에게 맹세시키면서 장자권을 죽 한 그릇에 산다. 에서는 장자권을 야곱에게 팔고 떡과 팥죽을 받아 먹고 간다.

야곱은 장자권의 중요성을 하나님의 언약적 측면에서 알았지만 인 간적인 조작을 통해 얻으려고 했다. 이러한 야곱의 행위는 나중에 이 삭 가정을 위험에 처하게 한다. 그러나 하나님의 손길은 야곱에게 있 었다. 비록 야곱이 인간적인 방법으로 장자권을 얻으려 했지만 그는 하나님의 소중한 것을 알아보았다. 우리 가정은 야곱과 에서 중 누구 를 닮았는가? 우리 가족은 무엇을 소중히 생각하는가?

생각하기

1) 왜 이삭과 리브가는 에서와 야곱을 따로따로 사랑했을까요?

2) 에서는 어떤 사람이었을까요?

3) 야곱은 어떤 사람이었을까요?

4) 왜 에서는 야곱에게 장자의 명분을 팔았을까요?

5) 야곱에게 있어서 장자의 명분은 어떤 의미가 있을까요?

함께 기도하기

가족 구성원의 성격과 기질에 대해 나누세요. 어떤 성격과 기질을 좋아하는지 서로 이야기하고 가족이 가장 소중하게 생각하는 성격과 기질이 무엇인지 알아보세요. 가족이 조건 없이 사랑할 수 있는 방법이 무엇인지 나누세요. 세상적 관점이 아닌 하나님의 관점에서 가족이 소중하게 생각하는 성격과 기질을 같게 해달라고 같이 기도하세요.

창세기26:1-11

　　이삭이 거기 오래 거주하였더니 이삭이 그 아내 리브가를 껴안은 것
을 블레셋 왕 아비멜렉이 창으로 내다 본지라(창26:8)

37. 이삭과 아비멜렉

이삭과 리브가가 아비멜렉을 피해 숨다(Raphael, 1518)

아브라함 때에 들었던 흉년이 이삭이 살던 때에 다시 왔다. 이삭은 블레셋 왕 아비멜렉이 있는 그랄 땅으로 간다. 하나님은 이삭에게 애굽으로 내려가지 말고 지시하는 땅에 거하라 말한다. 예전에 아브라함이 흉년이 들었을 때 애굽으로 내려가 믿음의 시험을 받았던 것에 대한 경고일 것이다. 하나님은 아브라함에게 주었던 언약을 다시 이삭에게 말한다. 하나님의 언약은 대를 이어 아브라함을 통해 이삭에게 전해진다. 신실하신 하나님은 이삭에게 이 땅에 거주하면 함께함으로 복을 주며 이 땅을 네 자손에게 주어 번성케 하고 자손을 통해 천하만민이 복을 받을 것이라 말씀한다. 하나님은 아브라함의 순종을 기억하고 이삭과 다시 언약을 갱신하면서 언약에 대한 순종을 요구한다.

하나님의 언약적 축복을 누리는 방법은 온전한 순종이다. 우리는 믿음이 강건할 때 순종한다. 그러나 우리의 믿음이 연약할 때 두려움이 슬그머니 찾아와 순종을 시험한다. 아브라함의 순종을 통한 언약적 축복은 이삭에게 이어지고 이를 통해 하나님의 축복을 이어 받는다. 이삭은 하나님의 언약에 순종해 그랄 땅에 거주한다. 그러나 그랄 땅에서 이삭은 아브라함에게 있었던 두려움을 만난다. 그는 아내 리브가를 자신의 누이라고 그랄 백성에게 소개한다. 이삭은 리브가의 아름다움 때문에 그랄 백성이 자기를 죽이고 아내를 빼앗길 거라는 두려움에 사로잡힌다. 두려움 때문에 행한 거짓말은 하나님의 언약적 축복을 위협하는 결과를 가져온다. 이삭은 그랄에 오랫동안 거주한다.

어느 날 아비멜렉은 창으로 이삭과 리브가가 부부인 것을 확인한다. 아비멜렉은 이삭을 추궁하고 그는 죽기가 두려워 거짓을 말했다고 고백한다. 아비멜렉은 이삭을 책망하면서 이삭과 리브가의 부부 관계를 공적으로 백성들에게 공포한다. 하나님은 이삭이 두려움 때문에 언약적 축복을 위험에 빠뜨린 것을 섭리로 이방 왕을 통해 이삭과 리브가를 보호한다.

하나님 언약에 대한 성숙한 믿음과 순종은 두려움을 물리친다. 그러나 두려움에 사로잡히면 언약적 축복은 위험에 빠지며 믿음과 순종은 기만 당한다. 그리스도인의 가정도 언약적 축복을 위협하는 요소들이 산재해 있다. 그러나 우리가 하나님의 신실하심을 의뢰하며 순종해 간다면 하나님이 섭리로 우리를 보호하며 인도한다는 것을 깨달을 것이다. 두려움을 벗어버리고 믿음과 순종의 옷을 입자. 축복을 누리는 비결이 여기에 있다.

생각하기

1) 하나님은 이삭에게 어떤 언약을 주었나요?

2) 왜 이삭은 그랄의 백성에게 아내인 리브가를 누이라 말했나요?

3) 하나님은 어떻게 이삭과 리브가를 보호하였나요?

4) 이삭이 믿음으로 순종하지 못하고 두려움 때문에 거짓말을 했을 때 어떤 일이 벌어졌나요?

함께 기도하기

우리를 두렵게 만드는 요소는 무엇인가요? 가족과 같이 나누고 우리 가정을 두렵게 만드는 요인에 대하여 논의하세요. 두려움의 원인을 살펴보고 하나님 안에서 두려움을 물리칠 방법은 무엇인지 나누세요. 가족과 함께 두려움의 원인과 해결방안을 놓고 같이 기도하세요.

창세기26:12-33

　　이삭이 거기서 옮겨 다른 우물을 팠더니 그들이 다투지 아니하였으
므로 그 이름을 르호봇이라 하여 이르되 이제는 여호와께서 우리를 위하
여 넓게 하셨으니 이 땅에서 우리가 번성하리로다 하였더라(창26:22)

38. 이삭의 넓어진 지경

이삭의 우물(작자 미상, ?)

이삭은 그랄 땅에 정착한다. 대대로 유목민이었던 가문이 이삭의 대에서 농사를 지은 것은 하나님의 언약적 축복에 대한 믿음과 신뢰 때문이었다. 이삭은 그 해 농사를 백배의 수확을 걷어들이고 창성하여 거부가 되었으며 양과 소가 떼를 이루었다. 이것은 하나님이 주신 축복의 결과였다. 그러나 블레셋 사람들은 이삭을 시기하여 아브라함 때 판 모든 우물을 흙으로 메웠다. 고대 근동 사막에서 물의 근원인 우물은 생명과 같은 것이었다. 블레셋 왕 아비멜렉도 이삭을 두려워하여 그에게 떠나라고 말한다. 하나님의 축복이 주변 사람들에게는 시기와 질투의 대상이 되었다. 그러나 이삭은 원망하거나 불평 하지 않고 그 지역을 떠나 블레셋 사람들이 메운 우물을 다시 파고 그의 아버지가 명명한 우물의 이름을 부른다. 이삭은 아버지 아브라함의 행위와 믿음을 따른다.

이삭은 하나님의 언약(이 땅에서 떠나지 말고 머무르라는 말씀)에 온전하게 순종한다. 이삭의 목자들이 골짜기를 파서 샘의 근원을 얻었지만 그랄 목자들이 샘의 근원을 가지고 이삭의 목자들과 다투자 이삭은 또 다른 우물을 판다. 이곳에서도 다툼이 일어나자 자리를 옮겨 다시 우물을 팠는데 다툼이 그쳐 르호봇(장소가 넓음)이라 이름한다. 블레셋 사람들이 이삭의 우물을 차지하려고 애쓰면 애쓸수록 이삭의 종들은 더 많은 물을 찾아낸다. 이삭은 하나님이 우리의 지평을 넓히셨으므로 이 땅에서 우리가 번성할 것이라고 고백한다. 이삭은 하나님의 언약에 순종으로 응답한다.

이삭이 브엘세바에 갔을 때 하나님은 그에게 내 종 아브라함을 위해 너와 함께할 것이고 복을 주어 네 자손이 이 땅에서 번성할 것이라 말한다. 이삭은 이곳에서 하나님께 예배를 드리고 이삭의 종들은 또 우물을 판다. 하나님이 이삭과 함께하심은 이방 왕과 민족들 앞에서도 드러난다. 블레셋 왕 아비멜렉은 대신들과 함께 이삭을 찾아온다. 그들은 하나님이 이삭과 함께함을 보고 계약 맺기를 원한다. 하나님이 이삭과 함께함으로 복을 받으며 창대하게 되는 것이 두려웠기 때문이었다. 이삭은 주변 이웃과 이방인들의 시기와 훼방에도 불구하고 번성하여 화평의 복을 받는다. 하나님이 함께함으로 축복은 이삭에게 현재 진행형이었다. 이삭은 또 우물을 파서 물을 얻었고 우물을 세바라 이름한다.

이삭은 순종과 온유함이 무엇인지를 보여주는 족장이었다. 하나님을 묵묵히 신뢰하며 주변 이웃과 싸우지 않고 우물을 파서 자신의 지경을 넓혔다. 하나님이 함께하는 축복은 어떤 어려움, 시기, 질투 가운데서도 확장된다. 그리스도인 가정에는 하나님이 함께한다. 비록 현실이 어렵고 힘든 부분이 있더라도 하나님이 함께함으로 지경이 넓어질 것이다. 우리 가정은 어떤 형편에서도 하나님이 함께함을 알고 감사하고 있는가?

생각하기

1) 블레셋 사람들이 아브라함이 판 우물을 메웠을 때 이삭의 마음은 어떠했나요?

2) 왜 이삭은 우물을 파고 다툼이 일어나면 다른 곳에 우물을 팠을까요?

3) 왜 블레셋 왕 아비멜렉은 이삭과 계약을 맺으려 했을까요?

4) 하나님의 언약에 대해 이삭은 어떻게 반응했나요?

함께 기도하기

그리스도인 가정은 하나님의 축복을 현재 진행형으로 누리는 가정입니다. 어렵고 힘든 일에도 하나님의 선하신 뜻이 있음을 알고 이삭과 같이 행동한다면 어떤 일들이 일어날까요? 가정이나 개인 삶의 힘든 일들에 대해 같이 의견을 나누고 찰스 M. 셸돈의 "예수님이라면 어떻게 하셨을까?"을 읽고 순종의 실천방안을 논의하고 기도하세요.

창세기27:1-28:5

만민이 너를 섬기고 열국이 네게 굴복하리니 네가 형제들의 주가 되어 네 어머니의 아들들이 네게 굴복하며 너를 저주하는 자는 저주를 받고 너를 축복하는 자는 복을 받기를 원하노라(창27:29)

39. 야곱이 장자권을 가로챔

이삭이 야곱을 축복하다(Govert Flinck, 1638)

하나님의 언약적 축복에 가족 구성원이 충실히 믿음으로 반응하지 못할 때 가정에는 위기가 닥친다. 에서는 이방 여인들과 결혼함으로 이삭과 리브가에게 근심거리가 되었다. 늙어서 눈이 어두운 이삭은 에서를 불러 죽기 전에 네가 사냥해온 별미를 먹고 마음껏 축복하게 하라고 말한다. 이삭의 태도는 하나님이 말씀한 것과 상반되는 모습이었다(창25:23). 눈이 어두워지고 에서가 사냥해온 별미를 먹는 미각 즉, 육의 욕구에 익숙해진 이삭은 하나님의 말씀을 소중하게 여기지 않았다. 에서가 사냥하러 나갔을 때 리브가는 야곱을 부른다. 리브가는 자초지종을 야곱에게 설명한 후 야곱이 이삭의 축복을 받도록 일을 꾸민다.

리브가는 염소새끼로 별미를 만들어 이삭에게 가져가 야곱이 이삭의 축복을 받도록 한다. 리브가와 야곱은 더욱 치밀하게 이삭의 축복을 받아 내기 위해 에서의 의복과 염소 새끼의 가죽을 손과 목덜미에 덧입고 이삭에게 간다. 이삭이 눈이 어두워 야곱에게 가까이 오라고 말하자 야곱은 이삭에게 온다. 이삭은 에서로 변장한 야곱을 만져보고 네가 참으로 에서냐고 묻는다. 야곱이 그렇다고 하자 이삭은 에서로 확신하여 별미를 먹은 후 족장으로서 야곱에게 언약을 위한 축복을 한다.

이삭의 어두움, 리브가와 야곱의 속임, 인간적인 조작은 이삭 가정의 미래를 어둡게 한다. 야곱이 이삭 앞에서 물러간 후 에서가 사냥에서 돌아와 별미를 만들어 이삭에게 갔을 때, 이미 야곱이 자신의 축복을 가로챈 것을 알게 된다.

에서가 이삭에게 남은 축복을 해달라고 하지만 그에게 돌아온 것은 축복이 아니라 저주에 가까웠다. 에서는 분노하였고 야곱을 죽이기 로 계획을 세운다. 리브가는 에서의 계획을 눈치채고 야곱을 자신의 오라비 라반에게 몇 달간 피신해 있다가 오라 한다. 그러나 리브가는 야곱을 보낸 후 다시는 그를 보지 못한다. 이삭은 떠나는 야곱을 불러 외삼촌 라반의 딸 중에 아내를 구하라고 당부한다. 이삭은 족장으로서 야곱에게 언약적 축복을 하고 보낸다.

이삭과 리브가의 하나님의 언약적 축복에 대한 어두움, 편애, 인간적인 방법과 수단, 혈기는 하나님의 가정을 분열시키는 계기가 되었다. 분열에 대한 경험은 가족에게 오랜 상처로 남는다. 그러나 하나님은 언약의 축복을 통해 오랜 시간 동안 가정을 치유한다. 하나님의 주권은 신실하기 때문이다.

생각하기

1) 왜 이삭은 에서를 축복하기 원했나요?

2) 리브가와 야곱은 이삭의 축복을 받기 위해 무엇을 했나요?

3) 리브가와 야곱이 축복을 받기 위해 쓴 방법은 어떤 결과를 가져왔나요?

4) 에서가 이삭에게 축복을 빌어달라고 했을 때 에서는 무엇을 받았나요? 왜 그런 응답을 받았나요?

5) 하나님의 언약적 축복에 우리는 어떻게 반응해야 할까요?

함께 기도하기

하나님은 그리스도인 가정에 축복과 응답을 주십니다. 비전에 대한 우리 반응은 어떠해야 하나요? 목적과 방법이라는 관점에서 이야기를 나누세요. 목적이 선하면 수단과 방법은 어떠해야 합니까? 우리 가정을 향한 하나님의 선한 목적에 대해 우리의 수단과 방법을 논하고 구체적인 실천방안을 정해 같이 기도하세요.

창세기28:6-22

야곱이 잠이 깨어 이르되 여호와께서 과연 여기 계시거늘 내가 알지
못하였도다. 이에 두려워하여 이르되 두렵도다 이곳이여 이것은 다름아
닌 하나님의 집이요 이는 하늘의 문이로다 하고(창28:16-17)

40. 벧엘의 꿈

야곱의 꿈(Salvator Rosa, 1665)

에서는 아버지가 야곱을 축복해 보내면서 가나안 사람의 딸 중에서 아내를 얻지 말고 밧단아람으로 가서 아내를 얻으라는 말을 듣는다. 또한 야곱이 부모의 명을 따라 밧단아람으로 갔고 자신의 가나안 아내들이 이삭을 기쁘게 하지 못함을 본다. 에서는 야곱에 대한 시기와 아버지의 환심을 사기 위해 자신의 친족인 아브라함의 아들 이스마엘의 딸인 마할랏을 아내로 맞이한다. 한편 브엘세바를 떠나 하란으로 향하던 야곱은 한 곳에 이르러 노숙을 한다. 돌을 베고 잠을 자는 중에 꿈에서 사다리가 땅 위에 서 있고 꼭대기가 하늘에 닿아 하나님의 사자들이 사다리를 오르내리는 모습을 본다.

하나님은 야곱에게 자신을 아브라함과 이삭의 하나님으로 나타난다. 하나님은 야곱에게 네가 누워있는 땅을 너와 네 자손에게 주고 자손들이 땅의 티끌 같이 되어 동서남북으로 퍼져나가 모든 민족이 너와 네 자손을 통해 복 받을 것이라 말씀한다. 또한 내가 너와 함께 있어 어디로 가든지 지킬 것이며 너를 이끌어 이곳으로 돌아오게 하고 네게 허락한 것을 이루기까지 떠나지 않을 것이라 한다. 야곱은 잠에서 깨어 하나님이 진정 자신과 함께 계심을 깨닫는다. 그는 두려워 이곳이 하나님의 집이며 하늘의 문이라 고백한다.

야곱은 아침에 일어나 배게로 삼았던 돌을 기둥으로 세우고 기름을 붓고 이름을 벧엘(하나님의 집)이라 한다. 야곱은 하나님이 나와 함께하고 지켜서 평안히 아버지의 집으로 돌아오게 하면 여호와는 나의 하나님이 되고 내가 세운 이 돌이 하나님의 집이 되며 하나님이 주신 것에서 십 분의 일을 하나님께 드리겠다고 서원한다.

하나님과의 참된 만남은 세속적인 사람을 예배자로 변화시킨다. 야곱이 벧엘에서 하나님을 만나기전 모습은 부모와 형제를 속인 죄인으로 도망치는 신세였고 자신의 신앙적 정체성을 찾지 못한 문제 많은 자기만 추구하는 약삭빠른 사람이었다. 그러나 벧엘에서 하나님과 만난 후에 그는 하나님 언약을 받은 진정한 예배자로 태어났다. 벧엘은 야곱에게 있어서 살아계신 하나님을 만난 거룩한 곳이었고 예배를 드리기에 합당한 곳이었다.

하나님을 만나 그분의 임재를 경험하며 응답 받는 가정은 거룩한 장소가 되며 예배 드리기에 합당한 가정이 된다. 어렸을 때 자녀가 행복하고 기쁘게 하나님을 만난 경험이 있다면 그것은 자녀의 마음에 각인된다. 하나님을 만난 경험이 자녀의 마음에 새겨지면 자녀의 인생에 중요한 영향을 준다. 살아가는데 있어서 가정관, 인생관, 가치관 등이 하나님 중심의 관점과 추구로 나타날 것이다. 인생의 어려운 순간에도 그때의 경험이 버팀목이 된다. 우리의 가정은 벧엘인가? 아니면 세상 문화의 각축장인가?

생각하기

1) 야곱이 돌을 베고 잠을 청할 때의 느낌과 기분은 어떠했을까요?

2) 하나님은 야곱을 만나면서 어떤 약속을 주었나요?

3) 야곱이 아침에 일어나 한 일은 무엇인가요?

4) 야곱은 무엇이라 하나님께 서원했나요?

5) 우리 가정이 야곱과 같이 하나님을 만나면 어떻게 변화될까요?

함께 기도하기

　야곱은 벧엘에서 하나님을 만나 예배자가 되었습니다. 가족이 하나님을 만난 경험을 나누세요. 가정이 하나님을 만난 경험이 있는지 이야기해 보세요. 참된 하나님을 만날 때 우리는 예배자가 됩니다. 가정이 아직 하나님을 만나지 못했다면 같이 기도하세요. 하나님과의 만남에 대한 경험이 있다면 어떻게 참된 예배자가 될 수 있는지 나누고 함께 기도하세요.

창세기29:1-30

야곱이 라헬을 더 사랑하므로 대답하되 내가 외삼촌의 작은 딸 라헬을 위하여 외삼촌에게 칠 년을 섬기리이다(창29:18)

41. 야곱의 두 아내

야곱과 라헬(Palma Vecchio, 1520-1525)

야곱은 벧엘에서 하나님 언약의 말씀을 듣고 새로운 마음과 힘을 얻어 동방으로 향한다. 그는 하나님의 보호하심과 공급하심의 약속을 받고 외삼촌 라반의 집으로 간다. 외삼촌 라반의 집 근처 우물에 이르러 목자들이 양떼에 물을 먹이기 위해 모여있었다. 고대 근동에서 우물 사용은 엄격하게 정해져 있어서 이방인들이 함부로 사용하지 못하도록 경계하였다. 야곱은 모여있는 목동들에게 외삼촌 라반에 대해 묻는다. 이때 라반의 둘째 딸 라헬이 양떼를 몰고 우물가로 온다.

창24장에서 아브라함이 이삭의 아내를 택하기 위해 충성된 늙은 종을 보내어 종이 우물가에서 리브가를 만났던 것처럼 하나님은 야곱이 우물가에서 라헬을 만나게 한다. 하나님은 섭리를 통해 아브라함의 늙은 종을 인도한 것처럼 야곱을 인도하고 있다. 야곱은 외삼촌 라반의 딸 라헬을 보고 우물 어귀의 돌을 옮겨 외삼촌 라반의 양 떼에 물을 먹인다. 야곱은 라헬에게 입맞추며 자신이 라반의 생질로 리브가의 아들임을 밝힌다. 라헬은 야곱의 말을 듣고 아버지 라반에게 가서 이 사실을 고한다. 라반은 야곱의 자초지종을 듣고 자기와 함께 있으라고 권한다. 라반은 야곱에게 자신의 일을 하는 대신 품삯을 정하라고 말한다. 야곱은 라반에게 자신이 외삼촌의 작은 딸 라헬을 사랑함으로 7년을 섬기는 삯으로 라헬을 아내로 달라고 청한다. 7년이 지난 후 야곱은 라반에게 라헬을 요구하고 외삼촌 라반은 라헬이 아닌 그녀의 언니 레아를 야곱의 아내로 준다.

가족을 속였던 야곱은 이제 가족에게 속임을 당하는 입장이 된다. 하나님은 섭리로 하나님의 사람들이 자기 죄의 결과를 경험하게 함으로 자신의 상태와 모습을 깨닫도록 인도한다. 야곱이 외삼촌이 자기를 속인 것을 추궁하자 라반은 언니보다 아우가 먼저 시집가는 것은 이 지방의 풍습이 아니라며 7일 후에 라헬도 아내로 줄 테니 다시 7년을 섬기라 말한다. 야곱은 7일을 채운 후에 라헬을 아내로 맞아들이고 7년을 외삼촌 라반을 섬긴다. 야곱은 외삼촌 라반을 통해 두 아내를 얻었고 14년 이상을 라반을 섬긴다.

하나님의 선택을 받은 백성들은 조건 없이 하나님의 축복을 경험하지만 하나님은 그들의 해결되지 않은 죄를 고통 가운데서 효과적으로 훈련한다. 하나님은 그리스도인의 가정을 축복의 통로로 선택하였지만 하나님이 그리스도인의 가정을 만들어가는 방식은 우리의 생각과는 다르다. 그리스도인 가정이 가지는 이해할 수 없는 어려움과 고통은 우리를 만들어가는 하나님의 작업이다. 고통과 어려움은 믿음의 인내를 만들어 우리를 정금같이 나오게 한다. 하나님은 그리스도인 가정을 통해 영광 받기를 원한다.

생각하기

1) 야곱은 우물가에서 누구를 만났나요?

2) 창24장과 오늘 말씀은 어떻게 관련이 있나요?

3) 야곱이 외삼촌 라반을 섬기면서 어떤 일을 경험하나요?

4) 왜 하나님은 우리의 삶에 혼란과 당황스러움을 허락하나요?

함께 기도하기

하나님은 섭리를 통해 야곱을 인도하여 외삼촌 라반의 집에 이르도록 하였습니다. 우리 가정의 연약한 부분이 있다면 같이 나누세요. 연약함의 고통과 당황스러움을 통해 하나님이 이루는 선한 뜻이 무엇인지 나누고 문제를 통해 하나님의 선한 뜻이 이루어질 수 있도록 같이 기도하세요.

창세기29:31-30:24

여호와께서 레아가 사랑 받지 못함을 보시고 그의 태를 여셨으나 라헬은 자녀가 없었더라(창29:31)

42. 레아와 라헬의 경쟁

레아와 라헬(Marie Spartali Stillman, 1887)

야곱은 외삼촌 라반의 집에서 14년을 봉사하여 아내 레아와 라헬을 얻는다. 야곱은 공평하게 아내들을 사랑한 것이 아니라 라헬을 사랑한다. 이러한 편애는 가정에 싸움을 일으키고 수단과 방법을 가리지 않고 사랑과 인정을 받기 위한 애정 행각을 가정에 불러들인다. 이것은 세상의 방법이지 믿음의 사람들이 추구하는 길이 아니다. 자식에 대한 레아와 라헬의 과도한 경쟁은 야곱 가정의 갈등을 적나라하게 보여 준다. 그러나 하나님은 공평하셔서 레아가 사랑 받지 못함을 보고 그녀의 태는 열어주지만 라헬에게는 허락하지 않는다. 오직 생명의 주관자는 하나님이다. 레아는 임신하여 야곱의 장자 르우벤(여호와가 고통을 돌본다)과 시므온(여호와가 들으신다), 레위(연합함), 유다(여호와를 찬양)를 출산한다. 레아는 하나님과의 관계성 안에서 아들의 이름을 지음으로 신앙을 고백한다.

라헬은 자신이 아들을 낳지 못함을 보고 야곱에게 불평한다. 야곱은 생명을 주시는 분은 하나님이라 하면서 라헬을 책망한다. 라헬은 시녀인 빌하를 야곱에게 아내로 주어 언니 레아와 자식을 두고 경쟁한다. 빌하는 임신하여 야곱의 두 아들 단(억울함을 푸심)과 납달리(경쟁)를 출산한다. 레아는 자신의 출산이 멈춤을 보고 시녀 실바를 야곱에게 주어 아내로 삼게 한다. 실바는 야곱의 두 아들 갓(복됨)과 아셀(기쁨)을 출산한다.야곱 가정의 출산 경쟁은 야곱의 두 아내 레아와 라헬로부터 시작 되어 많은 갈등을 야기하지만 하나님의 섭리는 이런 과정을 통해 이스라엘의 12지파가 형성되도록 예비한다.

르우벤이 가져온 합환채로 다시 가정에 남편 쟁탈전과 자식 경쟁이 시작된다. 레아는 잇사갈(값), 스불론(거함), 딸 디나를 출산한다. 하나님은 라헬을 생각하고 그녀의 태를 열어 요셉(더함)을 출산하게 한다.

인간적 관점에서 야곱 가정의 편애와 자식 경쟁은 가정의 갈등과 불화의 결과이다. 그러나 이러한 상황 속에서 야곱의 아들들 이름은 하나님의 축복과 공의가 어떻게 실행되는지를 또한 보여준다. 하나님은 야곱 가정의 시기와 질투를 뒤집어 복과 공의를 통해 언약적 축복을 신실하게 준비해 간다. 그리스도인의 가정도 다양한 불화와 갈등이 있다. 하나님은 불화와 갈등을 없애는 것이 아니라 섭리 안에서 언약적 축복을 이루시기 위해 불화와 갈등을 사용한다. 우리가 하나님의 섭리를 보는 안목이 생긴다면 상황은 뒤집어진다.

생각하기

1) 왜 하나님은 레아에게 자식을 주었나요?

2) 레아는 자녀들의 이름을 어떤 의미로 지었나요?

3) 야곱 가정이 왜 자식 쟁탈전을 벌였을까요?

4) 왜 하나님은 야곱 가정에 많은 자녀들을 허락하였을까요?

함께 기도하기

가정에 불화나 갈등이 있다면 이야기를 나누세요. 왜 불화와 갈등이 있는지 원인을 찾아보세요. 그리고 하나님의 선택을 받은 가정으로서 이러한 갈등과 불화를 통해 하나님은 우리에게 무엇을 원하는지 같이 이야기해 보세요. 가족 구성원이 나눈 것을 가지고 기도 하세요.

창세기30:25-43

튼튼한 양이 새끼 밸 때에는 야곱이 개천에다가 양 떼의 눈 앞에 그 가지를 두어 양이 그 가지 곁에서 새끼를 베게 하고 약한 양이면 그 가지를 두지 아니하니 그렇게 함으로 약한 것은 라반의 것이 되고 튼튼한 것은 야곱의 것이 된지라 이에 그 사람이 매우 번창하여 양 떼와 노비와 낙타와 나귀가 많았더라(창30:41-43)

43. 거부가 된 야곱

야곱의 소유가 늘어남(Murillo, 1665)

야곱에게 많은 자녀들이 태어났다. 하나님은 야곱 가정이 자녀를 낳으려는 경쟁과 세속적 방법을 사용하여도 언약적 축복을 이루어 간다. 야곱은 라헬이 요셉을 낳을 때 고향으로 돌아가기를 원한다. 그래서 외삼촌 라반에게 처자와 함께 고향 땅으로 돌아가게 해달라고 청원한다. 라반은 야곱을 통해 자신의 집과 재산이 하나님께 축복 받았음을 알았다. 라반은 야곱이 머물러 있어서 자신의 집이 더 복 받기 원했다. 라반은 야곱에게 품 삵을 정하라 말한다. 야곱은 자신이 어떻게 외삼촌을 섬겼고 가축을 돌봤는지 하소연 한다. 자기 발이 이르는 곳마다 하나님이 외삼촌에게 복을 주었지만 자신은 아무것도 없다고 말한다. 야곱은 라반에게 외삼촌의 양과 염소 떼 중에 아롱진 것, 점 있는 것, 검은 것이 있다면 따로 구분하여 자신의 품 삵으로 받겠다고 말한다. 그 당시 얼룩점이 있는 양과 염소는 흔하지 않았다.

라반은 철저하게 자신의 양과 염소 떼에서 얼룩무늬, 점 있는 것, 아롱진 것을 가려 자신의 아들에게 맡긴다. 그리고 자신과 야곱은 거리를 두게 하고 남은 양떼를 야곱에게 치게 한다. 야곱은 푸른 나뭇 가지들을 가져다가 껍질을 벗겨 흰 무늬를 낸다. 라반의 양떼들이 개천으로 물 먹으러 오는 곳에 이것을 세워둔다. 양떼들이 개천에 물 먹으로 올 때면 얼룩얼룩하고 아롱진 새끼를 낳았다. 야곱은 얼룩무늬, 검은 점 있는 새끼 양들을 라반의 양들과 섞이지 않게 구분하였다. 야곱은 튼튼한 양이 세끼를 밸 때면 개천에 가지를 세워두고 약한 양이 세끼를 밸 때에는 가지를 두지 않았다.

결과적으로 약한 것은 라반의 것이 되고 튼튼한 것은 야곱의 것이 되었다. 과거에는 라반이 야곱을 속였지만 이제는 다시 야곱이 라반을 속인다.

이러한 야곱의 미신적 행위와 인간의 모략이 축복의 원인은 아니다. 생명의 주권자인 하나님이 야곱을 축복하기로 작정하였기에 되어진 일이다. 이제 야곱은 매우 번창하여 재물과 소유가 많아졌다. 그의 소유와 재산의 축적 방식은 미신적이고 속임수였다. 그러나 하나님은 신실하여서 야곱 가정의 소유물을 축복한다. 인간의 계획과 방법으로 축복을 누리는 것이 아니라 하나님의 허락하에 언약 백성들은 축복을 누린다. 그리스도인 가정이 연약하여 세상 방법을 동원해 축복을 받는 것이 아니라 축복의 주권자인 하나님이 섭리로 인도하고 선택하였기에 언약적인 축복을 받는다.

생각하기

1) 왜 라반은 야곱이 더 머물기를 원했나요?

2) 야곱의 품 삯은 무엇인가요?

3) 야곱이 자신의 소유를 늘리기 위해 쓴 방법은 무엇인가요?

4) 야곱이 사용한 방법에 대해 같이 토론해 보세요.

5) 하나님은 어떻게 야곱을 축복하였나요?

함께 기도하기

가정이 재정적으로 어려울 때 하나님의 도우심을 경험한 적이 있다면 같이 나누세요. 정당한 방법으로 물질과 재정은 어떻게 가정에 들어오는지, 하나님께서 어떻게 물질을 주시는지 신8:18절을 보고 이야기해 보세요. 가족 구성원과 재정을 하나님의 뜻대로 사용하게 해달라는 제목으로 기도하세요.

창세기31:1-55

　　밤에 하나님이 아람 사람 라반에게 현몽하여 이르시되 너는 삼가 야
곱에게 선악간에 말하지 말라 하셨더라(창31:24)

44. 외삼촌 라반을 떠나는 야곱

라반이 야곱에게서 우상을 찾음(Sebastien Bourdon, 17세기)

야곱은 라반의 집에서 재물을 모은다. 라반과 그의 아들들은 야곱에 대해 시기하고 질투한다. 하나님은 야곱에게 내가 너와 함께할 것이니 네 조상의 땅으로 돌아가라 말씀한다. 야곱은 레아와 라헬을 따로 불러 하나님이 나와 함께함으로 라반이 자신을 속여 품삯을 변경하였지만 하나님이 자신을 보호하고 축복하였다고 말한다. 하나님의 사자가 꿈에 나타나 고향 땅으로 돌아가라 하였다고 전한다. 라헬과 레아는 야곱의 말을 듣고 아버지 라반의 집을 떠나기로 결정한다. 야곱은 일어나 가족들과 라반의 집에서 얻은 모든 소유물을 가지고 말 없이 가나안 땅에 있는 이삭의 집으로 떠난다. 이때 라헬은 아버지 라반의 드라빔(가정의 수호신 우상)을 도둑질하여 가져간다. 3일 만에 야곱이 떠났다는 소식이 라반에게 전해지자 그는 형제들을 데리고 야곱이 있는 길르앗 산으로 향한다.

하나님은 라반의 꿈에 야곱에게 선악간 말하지 말라 지시한다. 하나님의 섭리는 야곱 가정을 보호한다. 그들이 하나님의 보호하심을 깨닫든 모르든 하나님은 그들을 섭리로 지킨다. 라반은 야곱에게 도망치듯이 딸들과 손자들을 데리고 간 것에 대해 하나님이 자신의 꿈에 나타나 말씀한 것 때문에 용서하지만 자기 신은 왜 도둑질했냐고 추궁한다. 라반은 야곱 가족의 모든 장막에 들어가 드라빔을 찾지만 발견하지 못한다. 야곱은 라반에게 왜 자신을 급히 추격하여 도둑질한 물건을 찾으며 20년 동안 외삼촌을 섬겼지만 10번이나 품삯을 속인 것을 책망한다. 하나님이 자신을 지켜주지 않았다면 자신은 빈손일 것이라 주장한다.

라반은 하나님이 야곱과 함께하고 있음에 대해 내심 두려웠다. 그래서 라반은 야곱과 언약 맺기를 원한다. 자신들과 후손들이 서로 경계를 넘어 침범하지 않는다는 언약이었다. 야곱과 라반은 하나님의 이름으로 언약을 맺고 라반은 딸들과 손자들을 축복하고 고향으로 돌아간다.

하나님은 선택 받은 야곱의 가정을 인도한다. 다양한 상황과 환경 안에서도 하나님의 인도하심은 완전하다. 주권적인 하나님의 섭리와 뜻을 발견하는 것은 우리의 삶을 든든하게 한다. 그리스도인 가정은 주권적인 하나님이 선택하여 인도하는 가정이다. 우리 가정을 향한 하나님의 뜻과 섭리를 발견하는데 힘을 쏟고 기도하자. 여기에 가정의 참된 평안과 든든함이 있다.

생각하기

1) 야곱이 이삭이 있는 곳으로 가기 위해 결정한 이유는 무엇입니까?

2) 라반은 왜 이삭을 추격했나요?

3) 하나님이 라반에게 무엇이라 말씀하였나요?

4) 야곱은 왜 라반을 책망했을까요?

5) 하나님은 어떻게 야곱을 인도하고 지켜주었나요?

6) 라반은 왜 야곱과 언약 맺기를 원했나요?

함께 기도하기

하나님이 가족을 인도하고 보호하신 경험이 있는지 이야기해 보세요. 지금 우리 가정을 향하신 하나님의 섭리와 보호하심에 대해 이야기해 보세요. 하나님이 우리를 선택했다는 확신과 믿음을 가지고 하나님의 섭리와 보호하심을 알게 해달라고 기도제목을 나누고 같이 기도하세요.

창세기32:1-32

그가 이르되 네 이름을 다시는 야곱이라 부를 것이 아니요 이스라엘
이라 부를 것이니 이는 네가 하나님과 및 사람들과 겨루어 이겼음이니라
(창32:28)

45. 얍복 나루에서의 야곱

야곱과 천사와의 씨름(Rambrandt, 1659)

야곱은 라반과 헤어지고 하나님이 말씀한 고향으로 발걸음을 돌린다. 야곱이 고향으로 돌아 갈 때 하나님의 사자들을 만난다. 야곱은 그들을 하나님의 군대라 하면서 땅의 이름을 마하나임이라 한다. 야곱의 가정 앞에는 하나님의 군대가 있었다. 주의 자녀들이 하나님의 말씀을 듣고 나갈 때 하나님은 먼저 움직인다.

야곱은 에돔에 있는 에서에게 사자들을 보낸다. 야곱은 사자에게 형의 종 야곱이 당신에게 은혜를 받아 돌아가기 원한다는 말을 전하게 한다. 사자는 야곱에게 돌아와 에서가 사백 명을 거느리고 주인을 만나러 온다고 전한다. 야곱은 형에게 잘못한 것 때문에 보복을 당하지나 않을까 두렵고 답답했다. 야곱은 재산을 두 떼로 나누고 형이 와서 한 떼를 치면 다른 한 떼는 피할 계획을 세웠다. 그리고 야곱은 아브라함과 이삭의 하나님께 기도한다. 하나님의 뜻을 따라 고향으로 돌아오는데 빈 손으로 가서 하나님의 축복으로 큰 떼를 이루어 돌아왔으며 이제는 형 에서의 손에서 자신과 가족을 지켜달라고 탄원한다.

야곱은 네게 반드시 은혜를 베풀고 네 씨로 바다의 모래와 같이 많게 하리라는 하나님의 언약을 의지하며 기도한다. 야곱은 형의 마음을 부드럽게 하기 위해 예물을 준비한다. 야곱이 형에게 보낼 가축들을 예물로 택하여 떼로 나누어 종들에게 맡기고 먼저 건너가도록 한다. 종들에게 형 에서를 만나면 주의 종 야곱이 보내는 예물이라 말하도록 지시한다. 종들을 건너가게 하고 가족들과 모든 소유들도 보낸다. 자신은 얍복 나루에 홀로 남아 밤새도록 어떤 사람과 씨름을 한다. 그 사람은 야곱을 이기지 못함을 보고 야곱의 허벅지 관절을 쳤고 야곱은 끝까지 그 사람의 축복을 받기 위해 매달린다. 그 사람은 야곱의 이름을 이스라엘로 개명해 주면서 축복한다. 이스라엘은 사람이 하나님과 겨루어 이겼다는 의미를 가진다. 야곱은 성격대로 하나님께 끝까지 매달려 축복을 받아낸다. 야곱은 그 장소를 하나님을 보았으나 자신의 생명이 보전되었다는 의미를 가진 브니엘이라 이름한다.

주의 선택을 받은 가정은 하나님의 뜻을 따라 살아갈 때 어려운 일들과 갈등에 직면한다. 우리는 갈등과 어려움을 스스로의 노력과 힘으로 해결하려고 한다. 그러나 우리 노력으로는 해결되지 않는다. 하나님은 이미 자신의 뜻을 따르는 가정을 위해 먼저 움직인다. 가정을 향한 하나님 뜻의 성취는 우리의 노력이 아니라 하나님의 주권적인 섭리를 통해 이루어진다.

생각하기

1) 하나님의 군대는 왜 야곱을 만났을까요?

2) 야곱은 에서 만나기를 두려워하여 어떤 준비를 했나요?

3) 야곱은 하나님께 무엇이라 기도했나요?

4) 야곱은 모르는 사람과 왜 끝까지 씨름했나요?

5) 하나님의 뜻을 따를 때 어려움과 갈등을 대하는 자세는 어떠해야 하나요?

함께 기도하기

하나님의 뜻대로 살아갈 때 경험했던 어려움과 갈등에 대해 같이 이야기해 보세요. 어려움과 갈등에 직면했을 때 어떤 마음 자세가 필요한지를 나누고 해결할 방법에 대해 이야기해 보세요. 현재 우리 가정에 있는 갈등과 어려움을 놓고 같이 기도하는 시간을 가지세요.

창세기33:1-20

야곱이 이르되 그렇지 아니하니이다 내가 형님의 눈 앞에서 은혜를
입었사오면 청하건대 내 손에서 이 예물을 받으소서 내가 형님의 얼굴을
뵈온즉 하나님의 얼굴을 본 것 같사오며 형님도 나를 기뻐하심이니이다
(창33:10)

46. 야곱과 에서의 만남

에서와 야곱의 만남(Raffaellino Bottalla, 1636-1641)

야곱은 불안했다. 야곱이 보니 에서가 장정 400명을 거느리고 오고 있었다. 하나님의 약속과 축복을 얻어낸 야곱이지만 그의 인간적 기질과 성격은 변하기 힘든 일이었다. 그는 에서에게 최대한 공손하게 나가기를 원했다. 그는 여종들과 자식들을 맨 앞에 두고 다음으로 레아와 자식들, 마지막으로 라헬과 요셉을 뒤에 두고 그들 앞에서 몸을 굽히며 에서에게 갔다. 에서는 달려와 반갑게 맞이하면서 화해의 포옹을 했다. 하나님은 에서의 마음을 변화시켜 적극적으로 동생과 화해하게 하였다. 그는 장자권에 대해 신경 쓰지 않았다. 왜냐하면 야곱이 떠난 뒤로 하나님의 축복 아래서 충만한 다산의 삶을 누렸기 때문이다.

하나님은 에서와 야곱의 삶을 통해 섭리로 언약적 성취를 이루어 가고 있었다. 야곱의 인간적인 잘못으로 인한 미움과 복수의 마음은 사라지고 하나님의 섭리와 인도하심을 통한 회개와 용서가 이루어졌다. 야곱은 아내들과 자식들을 소개하고 에서에게 기쁜 마음으로 예물을 드렸다. 야곱은 에서를 보는 것이 하나님의 얼굴을 본 것 같다고 하면서 기뻐한다. 하나님의 섭리는 미움을 용서로 바꾸었다. 에서는 야곱에게 같이 가자고 강권한다. 그러나 야곱은 자식들이 연약하고 가축들이 새끼를 데리고 있어서 지나치게 몰면 가축들이 상할 수 있으니 에서에게 먼저 가기를 청한다. 에서는 자신의 종 몇 사람을 야곱의 무리에 머물게 하려 하지만 야곱은 이것도 정중히 거절한다.

에서는 세일로 돌아가고 야곱은 숙곳에 이르러 자신의 집과 가축을 위한 우리를 짓는다. 숙곳은 야곱이 가축 우리에 붙인 이름으로 순례가 종결되었음을 의미한다. 야곱은 밧단아람에서 가나안 땅 세겜 성에 장막을 치며 제단을 쌓고 고향으로 돌아온 것을 기념하기 위해 엘엘로헤이스라엘이라 이름한다.

그의 고백은 이스라엘의 하나님은 언약을 성취하는 강한 하나님이라는 것이다. 오랜 순례의 여정과 가나안 땅에 정착하는 과정에서 야곱이 경험적으로 깨달은 것은 하나님은 언약을 성취하는 전능자라는 것이다. 그리스도인 가정의 소망이 여기에 있다. 우리 가정의 고된 순례의 여정에서 소망을 잃어버리지 않고 전진할 수 있는 것은 하나님의 은혜와 언약으로 시작된 영적 순례를 하나님께서 성취한다는 사실 때문이다. 모든 영광은 하나님이 받아야 마땅하다.

생각하기

1) 왜 야곱은 에서를 만나기 위해 아내들과 자식들을 나누고 예물을 준비했나요?

2) 에서는 어떻게 야곱을 맞이했나요? 그 이유는 무엇일까요?

3) 왜 야곱은 에서와 같이 가지 않았을까요?

4) 야곱은 세겜에 장막을 치고 무엇이라 하면서 예배 드렸을까요?

5) 가정에서 하나님의 약속이 이루어진 경험이 있다면 무엇인가요?

함께 기도하기

가정이 미움과 분노로 관계가 악화된 경험이 있나요? 그때 어떻게 관계를 회복했나요? 하나님은 그리스도인 가정이 시기, 질투, 미움, 분노로 깨어진 상태로 있기를 원하지 않습니다. 서로에게 상처가 있다면 나누고 하나님의 선하신 섭리가 무엇인지 말하세요. 그리고 하나님의 섭리로 화해와 치유의 역사가 일어나도록 기도제목을 나누고 함께 기도하세요.

창세기34:1-31

　　야곱의 아들들은 들에서 이를 듣고 돌아와서 그들 모두가 근심하고 심히 노하였으니 이는 세겜이 야곱의 딸을 강간하여 이스라엘에게 부끄러운 일 곧 행하지 못할 일을 행하였음이더라(창34:7)

47. 디나의 실추

디나에 대한 복수(Martin David, ?)

야곱에게는 딸 디나가 있었다. 디나는 가나안 땅의 여인들이 어떻게 사는지 궁금해 나갔다가 하몰의 아들 세겜에게 욕을 당한다. 세겜은 마음으로 디나를 사랑하여 위로하고 아버지 하몰에게 디나를 아내로 얻게 해달라고 말한다. 그러나 가나안 족속의 무례함은 세겜이 디나를 욕보인 다음 아무렇지 않게 아내로 달라고 요구한다는 점에서 나타난다.

하나님의 언약 백성인 야곱의 가족에게 이것은 큰 사건이었다. 아들들이 들에서 오기까지 야곱은 디나의 소식을 듣고 침묵한다. 야곱의 아들들은 소식을 듣고 근심하며 심히 분노한다. 세겜의 아버지 하몰은 야곱에게 찾아와 야곱의 딸 디나를 자기 아들 세겜에게 아내로 주고 서로 통혼하자고 제안한다. 또한 야곱의 가족들이 자신들의 부족 땅에 머물면서 기업을 얻으라고 말한다. 하몰의 아들 세겜도 야곱의 가족들에게 디나를 자신의 아내로 주면 어떤 혼수와 예물이라도 주겠다고 말한다. 야곱의 아들들은 하몰과 세겜에게 너희의 남자들이 다 할례를 받으면 너희와 통혼하여 한 민족이 될 것이라 말한다.

그러나 야곱 아들들의 말은 속임수였다. 하몰과 그의 아들 세겜은 자신들의 성읍으로 돌아가 사람들에게 우리가 할례만 받으면 야곱의 가족들과 통혼하여 그들과 한 민족이 될 것이라 설득한다. 또한 그들의 가축과 재산이 자신들의 소유가 될 것이라 말한다. 그 성읍의 모든 남자들이 할례를 받아 아파할 때 디나의 오빠들인 시므온과 레위는 칼로 하몰과 세겜, 성읍의 모든 남자들을 죽인다. 야곱의 아들들은 성읍으로 가서 재물과 물건들을 노략한다.

야곱은 가나안 족속이 이 일로 자신과 가족들을 공격하여 가문이 멸망 당할 것을 두려워 한다. 야곱의 아들들은 두려워하는 야곱에게 누이를 창녀같이 대하는 게 맞느냐고 항의한다. 야곱 가정에 일어난 일은 큰 충격과 슬픔, 분노를 가져 왔다. 디나가 가나안 여인들을 보러 간 것이 문제의 발단이었다.

하나님은 이스라엘 자손에게 가나안 족속과 통혼함을 역사적으로 엄격히 금지시켰다. 이유는 언약 백성의 영적 순결을 지키기 위함이었다. 야곱 아들들의 반응은 정당한 이유가 있었다. 그러나 그들이 하나님 언약의 증표인 할례를 속임수의 방법으로 사용한 것은 이들이 영적으로 미성숙 됨을 보여준다. 언약 백성들은 하나님의 방법으로 정의를 구하고 불의에 대적해야 한다. 그리스도인 가정은 하나님의 방법으로 불의와 맞서야 한다.

생각하기

1) 디나는 왜 가나안 여인들을 보러 가나요?

2) 히위 족속의 추장 세겜과 그의 아버지는 어떻게 행동했나요?

3) 야곱의 아들들은 불의에 대해 어떻게 반응했나요?

4) 야곱의 아들 시므온과 레위는 어떻게 복수했나요?

5) 불의에 대해 우리는 어떻게 반응하고 행동해야 할까요?

함께 기도하기

가정이 부당한 대우나 불의를 당한 경험이 있나요? 불의에 대해 우리는 어떻게 대처했나요? 그때의 느낌, 경험, 문제해결의 방법은 어떠했는지 같이 의견을 나누세요. 지금 우리 가정이 불의를 경험하고 있다면 하나님의 뜻과 방법에 대해 같이 의견을 나누고 무엇이 하나님의 방법인지 의견을 모으세요. 하나님의 방법으로 불의에 대처하기 위해 같이 기도하세요.

창세기35:1-15

　우리가 일어나 벧엘로 올라가자 내 환난 날에 내게 응답하시며 내가
가는 길에서 나와 함께하신 하나님께 내가 거기서 제단을 쌓으려 하노라
하매(창35:3)

48. 벧엘로의 귀환

라헬의 죽음(Gustav Ferdinand Metz, 1847)

영적 위기의 순간을 하나님은 영적 회복의 때로 인도한다. 야곱은 아들들이 저지른 일에 가나안 족속이 보복을 하지 않을까 두려워한다. 이때 하나님은 야곱에게 벧엘로 올라가 거기 거주하고 제단을 쌓으라 말씀한다. 야곱은 집안 모든 사람에게 이방 신상을 버리고 의복을 바꾸어 정결하게 하라고 말한다. 그리고 벧엘로 올라가 환란 날에 응답하고 함께하였던 하나님께 예배할 것이라 선언한다. 야곱의 모든 사람들이 이방 신상과 귀고리들을 야곱에게 주어 그것들을 상수리 나무 아래에 묻는다.

야곱의 가정은 우상숭배와 미신에 빠져 있었다. 그들의 영적 나태와 무능을 하나님은 위기의 때에 오히려 영적 회복으로 돌이키게 한다. 하나님은 그들이 안전하게 떠나도록 주변 가나안 족속들을 두렵게 하여 이들을 추격하는 자가 없도록 한다. 야곱의 가정은 벧엘에 이르러 제단을 쌓고 하나님을 예배한다. 벧엘에서 리브가의 유모가 죽어 상수리 나무 밑에 장사한다. 야곱이 밧단아람에서 돌아왔을 때 하나님은 야곱에게 복을 주면서 그의 이름을 이스라엘이라 부른다. 또한 생육하고 번성하여 백성들의 총회와 왕들이 너의 후손들에서 나올 것이고 아브라함과 이삭에게 준 땅을 이스라엘과 그의 후손에게 줄 것이 언약한다. 야곱은 하나님이 말씀하던 곳에 돌기둥을 세워 전제물과 기름을 붓고 예배를 드린다. 야곱에게 벧엘은 환란 날에 도우시는 하나님, 언약을 갱신하며 축복하는 하나님이 영원히 함께하는 것을 깨닫는 장소가 되었다.

그들이 벧엘을 떠나 에브랏으로 가는 중 라헬이 해산의 산고로 죽어갈 때 아들을 낳는다. 라헬은 아들의 이름을 베노니(슬픔의 아들)라 불렀지만 이스라엘은 베냐민(오른손의 아들)으로 이름을 바꾸어 부른다. 하나님의 언약적 축복 안에서 슬픔의 아들은 능력의 아들로 바뀐다. 라헬은 죽어 베들레헴 길에 장사되고 르우벤은 아버지의 첩 빌하와 동침하지만 이스라엘은 침묵한다. 르우벤은 아버지의 권위를 찬탈하려 한다. 야곱이 이삭에게 가서 거주할 때 이삭이 늙어 기운이 다하여 죽고 그의 아들 에서와 야곱은 그를 장사한다.

　한 세대가 가고 다음 세대가 온다. 야곱 가정에 죽음과 태어남, 죄와 성결의 삶 안에서 하나님의 언약적 신실함과 축복은 이어진다. 한 가정에서 기쁘고 슬픈 일, 다양한 사건과 사고가 일어날 것이다. 세대가 가면서 의식과 생활양식도 바뀔 것이다. 그러나 선택 받은 그리스도인 가정을 향한 하나님의 뜻은 영원히 신실하다. 모든 것은 변하지만 우리를 향한 하나님의 계획과 뜻은 변하지 않는다. 우리 가정의 삶 안에서 하나님의 언약적 신실함과 뜻도 그렇게 이어질 것이다.

생각하기

1) 왜 하나님은 야곱에게 벧엘로 올라가 제단을 쌓으라고 말하였나요?

2) 야곱은 벧엘로 올라가기 위해 어떤 준비를 했나요?

3) 하나님은 야곱 가정이 안전하게 벧엘로 올라가도록 어떻게 하였나요?

4) 야곱이 밧단아람에 왔을 때 하나님이 주신 축복은 무엇인가요?

5) 왜 야곱은 베노니를 베냐민이라 이름을 바꾸어 불렀나요?

함께 기도하기

가정에서 영적 위기의 순간에 회복의 기회가 되었던 때가 있었나요? 그런 경험이 있다면 이야기해 보세요. 가정에서의 일상적 삶에 다양한 사건과 일들 가운데 하나님의 언약적 축복의 신실함을 경험했던 벧엘은 어디인가요? 어려운 가운데 하나님의 언약적 축복을 누리기 위해 우리가 정결하게 될 부분은 무엇인가요? 같이 나누고 가정의 정결함을 위해 기도하세요.

창세기37:1-36

　　요셉은 노년에 얻은 아들이므로 이스라엘이 여러 아들보다 그를 더 사랑하므로 그를 위해 채색옷을 지었더니 그의 형들이 아버지가 형들보다 그를 더 사랑함을 보고 그를 미워하여 그에게 편안하게 말할 수 없었더라(창37:3-4)

49. 요셉의 꿈

요셉이 꿈을 말하다(Raphael, 1515)

야곱은 이삭이 거주한 가나안 땅에 정착한다. 야곱의 아들 요셉은 17세 소년이었다. 요셉은 형들과 양을 칠 때 그들의 잘못을 야곱에게 말하였다. 야곱은 요셉을 다른 아들보다 더 사랑하여 채색 옷을 입혔다. 야곱의 편애는 형들의 시기와 질투를 불러 일으켰다. 한 가정에서 편애는 모든 불화의 원인이 될 수 있다. 어느 날 요셉의 꿈은 더욱 형들의 시기를 일으켜 형들이 미워하는 계기가 된다. 요셉은 형들에게 우리가 밭에서 곡식단을 묶는데 자신의 단은 일어서고 형들의 단들이 자신에게 절을 하는 꿈을 꾸었다고 말한다. 그의 형들은 요셉의 말을 듣고 그를 미워한다. 요셉은 다시 아버지와 형들에게 하늘의 해와 달, 열한 별들이 자신에게 절하는 꿈을 꾸었다고 말한다. 그의 꿈을 듣고 형들은 시기하였지만 야곱은 요셉을 꾸짖으면서도 그의 말을 경청한다.

요셉의 꿈은 하나님이 야곱 가정을 향하신 구원의 계획을 보여주는 것이었다. 그러나 아직 준비가 안된 요셉의 섣부른 행동, 야곱의 편애는 형들을 자극하여 요셉에 대한 증오와 미움을 갖게 만든다. 요셉의 형들이 세겜에서 양을 칠 때 야곱은 자식들과 양떼의 안부를 알아보기 위해 요셉을 보낸다. 요셉이 도단으로 형들을 찾으러 올 때 그들은 멀리서 요셉을 보고 죽이기를 모의한다. 요셉의 형들은 증오와 미움 때문에 요셉을 잡아 채색 옷을 벗기고 구덩이에 넣는다. 르우벤은 이스라엘의 장자로 요셉을 살리려고 애쓴다. 그는 장자였기에 형제들에 대한 안전에 책임이 있었다. 그러나 야곱의 편애는 자식들의 형제애를 산산조각으로 만들었다.

그들이 앉아서 음식을 먹을 때 미디안의 상인들이 지나가고 있었다. 유다는 형제들에게 자신들의 혈육인 요셉을 죽이지 말자고 제안한다. 형들은 요셉을 이스마엘 상인들에게 돈을 받고 팔아버린다. 그들은 숫염소의 피를 요셉의 옷에 적셔서 야곱에게 가지고 돌아간다. 야곱은 피 묻은 요셉의 옷을 보고 통곡한다. 다른 자식들의 위로를 거부하고 요셉을 위해 애곡한다. 미디안 상인들은 요셉을 바로의 친위대장 보디발에게 노예로 판다.

하나님이 야곱 가정의 구원을 위해 보여준 꿈(계시)은 요셉의 목숨을 위태롭게 만들어 희미하게 되는 것 같다. 그러나 요셉 목숨의 희미함도 하나님의 섭리와 계획 안에 있었다. 우리는 어떠한가? 하나님의 약속이 희미하게 보이는가? 그러나 하나님 안에서 희미함도 그분의 계획이 성취되는 섭리의 일부임을 알아야 한다.

생각하기

1) 야곱이 요셉을 사랑한 편애는 어떤 결과를 가져왔나요?

2) 요셉의 꿈 이야기는 무엇을 보여주나요?

3) 요셉에 대한 형들의 시기와 미움의 결과는 무엇인가요?

4) 형들이 요셉을 미디안의 상인에게 팔았을 때 요셉의 마음은 어떠했을까요?

5) 하나님은 왜 야곱 가정에 이러한 일들이 일어나도록 했을까요?

함께 기도하기

가족과 편애에 대해 이야기를 나누세요. 부모가 자신보다 다른 형제나 자매를 더 사랑한다고 느낄 때 감정이 어떠한지, 또한 가정에서 편애에 대한 상처와 고통에 대한 하나님의 뜻은 무엇인지 나누세요. 서로의 상처와 고통에 대한 용서와 하나님이 우리 가정을 향하신 뜻을 구하는 기도제목을 놓고 함께 기도하세요.

창세기38:1-30

　　유다가 그것들을 알아보고 이르되 그는 나보다 옳도다 내가 그를 내 아들 셀라에게 주지 아니하였음이로다 하고 다시는 그를 가까이 하지 아니하였더라(창38:26)

50. 유다와 다말

유다와 다말의 만남(Il Tintoretto, 1555-1558)

야곱의 아들 유다는 형제들을 떠나 가나안 여인과 결혼하여 아들들, 엘, 오난, 셀라를 얻는다. 대대로 이스라엘 족장은 가나안 여인과 혼인하지 않았지만 유다는 가나안 여인과 혼인하여 자식을 얻는다. 이는 유다 가정에 있을 영적 혼란을 예고한다. 유다는 장자 엘을 위해 며느리 다말을 맞이한다. 하나님은 엘이 악함으로 그를 죽인다.

고대 근동에서는 형이 자식 없이 죽을 경우 동생이 형수와 결혼해 형 집안의 후사를 잇게 하는 결혼 관습이 있었는데 이를 형사취수 제도라 한다. 고대 근동에서는 집안의 대를 이어 그 가문이 살아남는 것이 가장 중요한 일이기에 이런 제도가 존재했다. 엄밀히 이런 제도는 인간의 사회, 문화적인 생존전략으로 하나님의 관점과는 거리가 멀었다. 생명의 주관자가 하나님임을 신뢰한다면 부조리한 인간 제도에 얽매이지는 않았을 것이다. 그러나 하나님은 연약한 인간의 제도를 통해 언약 공동체를 향한 선한 뜻을 이루어 간다.

다말은 엘의 동생 오난과 결혼하지만 오난은 다말을 통해 형의 장자권 계승을 원하지 않는다. 하나님은 오난의 생각과 행위가 악함으로 오난을 죽인다. 유다는 막내아들 셀라가 장성하였지만 다말과 결혼시키지 않는다. 유다는 형들과 같이 셀라가 죽을까 두려워 한다. 얼마 후 유다가 양털을 깎으러 딤나에 왔을 때 다말이 과부 의복을 벗어 얼굴과 몸을 가리고 유다에게 간다. 이것은 다말이 셀라가 장성하였지만 자기를 그의 아내로 주지 않아 행한 일이었다. 유다는 다말이 얼굴을 가리고 길가에 앉아 있어서 창녀로 알아 동침하기 원한다. 다말은 유다에게서 도장, 끈, 지팡이를 담보물로 받고 동침한다.

이 일로 다말은 유다를 통해 임신한다. 유다와 다말의 행위는 언약 공동체에서 있어서는 안될 일이었다. 인간 타락의 영향은 사회, 문화적 관습 안에 스며들어 있고 언약 백성들도 자신도 모르게 영향을 받아 물들어 있다.

유다는 약속대로 염소새끼를 다말에게 주고 담보물을 찾아오려 했지만 다말을 찾지 못한다. 석달이 지난 후 유다는 다말의 임신 소식을 듣고 그녀를 찾아 죽이려 한다. 다말은 담보물을 꺼내 이것의 주인을 통해 임신하게 됐다고 말한다. 유다는 다말이 자신보다 옳다고 인정하고 다시는 그녀를 가까이 하지 않는다. 유다의 인정은 다말이 유다 집안의 대를 잇게 한 것에 대한 인정이었다. 다말은 쌍둥이를 잉태하고 해산하여 베레스와 세라를 얻고 유다 가문의 장자 집안을 이어가게 한다.

유다와 다말의 이야기는 영적 혼란과 타락, 사회 문화적인 관습, 연약함이 만연한 환경에서 하나님이 어떻게 언약 공동체를 통해 구원역사를 이루는가를 보여준다. 유다와 가나안 여인 다말의 아들 베레스를 통해 예수 그리스도는 이 땅에 온다. 이는 하나님의 뜻이 연약한 인간의 생각과 행위, 사회 문화적인 관습의 영향이 아니라 주권자인 하나님에 의해 성취됨을 보여준다. 우리의 가정은 어떠한가? 연약한 환경이라 할지라도 하나님이 선택한 그리스도인 가정은 신실한 하나님의 주권적 섭리가 작용하고 있다. 여기에 우리의 소망과 기쁨이 있다. 하나님은 우리를 통해 선한 뜻을 이룰 것이고 영광 받을 것이다.

생각하기

1) 왜 하나님은 유다의 두 아들 엘과 오난을 죽였을까요?

2) 왜 며느리 다말은 유다에게 찾아갔을까요?

3) 왜 유다는 다말을 자신보다 옳다고 인정하였나요?

4) 가정 형편과 환경이 혼란하고 어려워도 낙심하지 말아야 하는 이유는 무엇인가요?

5) 형편과 환경이 어려울 때 우리의 마음 자세와 태도는 어떠해야 하나요?

함께 기도하기

가정환경의 혼란과 어려움이 있다면 같이 나누세요. 혼란과 어려운 형편에서도 우리가 하나님 앞에서 가져야 할 마음자세와 태도에 대해 이야기 하세요. 혼란하고 어려운 환경에서도 하나님은 선한 뜻을 이루는 주권자가 됨을 신뢰하면서 현재 우리의 상황과 형편을 향한 하나님의 뜻을 구하는 기도를 함께 하세요.

창세기39:1-23

이 집에는 나보다 큰 이가 없으며 주인이 아무것도 내게 금하지 아니하였어도 금한 것은 당신뿐이니 당신은 그의 아내 임이라 그런즉 내가 어찌 이 큰 악을 행하여 하나님께 죄를 지으리이까(창39:9)

51. 유혹을 물리친 요셉

요셉과 보디발의 아내(Guido Reni, 1631)

요셉은 노예로 팔려 애굽으로 내려가고 바로의 친위대장 보디발이 이스마엘 사람에게서 요셉을 산다. 그의 처지는 비참했지만 하나님이 요셉과 함께하여 범사의 일들을 형통하게 한다. 보디발도 히브리 소년 요셉에게 하나님이 함께하고 있음을 본다. 어렵고 힘든 가운데서 요셉은 하나님의 위로와 함께함으로 믿음이 성장하고 있었다. 보디발은 요셉을 가정 총무로 삼고 모든 소유를 관리하게 한다. 하나님은 보디발의 집을 요셉으로 말미암아 축복하여 그의 집과 밭이 복을 받는다. 이는 하나님이 아브라함에게 주신 언약 즉, 너를 축복하는 자에게 복을 주고 너를 저주하는 자에게 저주한다는 언약의 성취였다(창12:3). 이방인인 보디발은 요셉을 존중함으로 집안이 하나님의 축복을 받는다. 보디발은 모든 소유를 요셉에게 맡기고 간섭하지 않는다.

그 후에 보디발의 아내는 요셉을 유혹한다. 요셉은 여인의 유혹을 단호히 거절한다. 요셉은 여인에게 주인이 자기에게 모든 것을 맡기며 간섭하지 않고 모든 것을 금하지 않았지만 금한 것은 당신 즉, 주인의 아내 뿐이라고 말한다. 요셉은 주인의 아내를 범하는 것은 하나님께 큰 죄를 범하는 것이라며 물리친다. 요셉은 하나님이 자신과 함께하고 있음을 확신했다. 또한 하나님께 성실함으로 죄에 대한 유혹과 시험을 물리친다. 주인의 아내는 계속 유혹했지만 요셉은 모두 물리친다. 하루는 요셉이 집에 일하러 들어갔을 때 아무도 없었다. 여인은 요셉의 옷을 붙잡고 유혹했지만 그는 옷을 버려두고 도망간다.

여인은 집안 사람들을 불러 주인이 데려온 히브리 사람이 자신을 희롱하다 도망쳤다고 거짓말을 한다. 여인은 주인이 집에 돌아오자 당신이 데려온 소년이 자신을 희롱했다고 거짓으로 고소한다. 보디발은 노해 자초지종을 알아보지도 않고 아내의 말만 믿어 요셉을 잡아 감옥에 넣는다. 요셉은 주인에게 성실함으로 오히려 더 어려워진다. 그러나 하나님은 옥에 갇힌 요셉과 함께한다. 하나님은 요셉으로 말미암아 간수장에게 은혜를 주고 그는 요셉에게 제반 업무를 맡기고 모든 일에 간섭하지 않는다. 하나님이 요셉과 함께 함으로 요셉은 감옥에서도 범사에 형통한다.

하나님의 가정은 부르심을 확신하고 실천해 갈 때 유혹을 물리칠 힘을 얻는다. 그리스도의 가정은 주님의 뜻을 행하여 어렵게 될 때도 낙심하지 말아야 한다. 하나님이 우리와 영원히 함께 계신다.

생각하기

1) 하나님이 요셉과 함께 함으로 보디발의 집은 어떻게 되었나요?

2) 창12:3절의 말씀은 요셉 이야기와 어떻게 관련이 있나요?

3) 요셉은 주인의 아내가 유혹할 때 어떻게 하였나요?

4) 요셉이 여인의 거짓말로 감옥에 들어갔을 때 요셉의 마음은 어떠했을까요?

5) 요셉이 감옥에서 형통하게 된 이유는 무엇일까요?

함께 기도하기

가정에서 하나님의 뜻을 행하다 어려운 일이 있었지만 하나님이 함께함으로 오히려 감사한 적이 있나요? 하나님의 뜻을 행할 때 결과와 상황보다는 하나님이 함께함이 능력이 되어 모든 유혹을 물리칠 힘을 얻을 수 있습니다. 가정을 향하신 하나님의 뜻을 행함과 하나님이 함께함으로 감당할 수 있는 능력을 달라고 같이 기도하세요.

창세기40:1-23

그들이 그에게 이르되 우리가 꿈을 꾸었으나 이를 해석할 자가 없도다 요셉이 그들에게 이르되 해석은 하나님께 있지 아니하니이까 청하건대 내게 이르소서(창40:8)

52. 감옥에서의 요셉

요셉이 감옥에서 꿈을 해석하다(Friedrich Wilhelm, 1816-1817)

요셉의 감옥 생활은 비참하고 어려웠지만 하나님은 요셉과 함께 하였다. 애굽 왕에게 술을 따라주고 떡을 바치는 관원장들이 바로에게 범죄하여 왕은 그들을 요셉이 있는 친위대장의 감옥으로 보냈다. 친위대장은 요셉에게 그들의 수발을 들게 했다. 어느 날 옥에 갇힌 두 사람이 꿈을 꾸었는데 각기 내용이 달랐다. 아침에 요셉이 들어가 보니 그들은 근심에 싸여 있었다. 요셉은 왜 근심하고 있는지 물었다. 그들은 꿈을 꾸었는데 능히 해석할 자가 없다고 요셉에게 말한다. 요셉은 그들에게 꿈의 해석은 하나님께 있으니 자신에게 말해달라고 부탁한다.

요셉은 감옥에서 하나님이 자신과 함께하고 있음을 신뢰하고 있었다. 요셉은 모든 감춰진 비밀과 지식은 하나님께 있음을 믿고 있었다. 술 관원장은 요셉에게 포도나무에 세가지가 있어 싹과 꽃이 피고 포도송이가 익어 자신의 손에 있는 잔에 즙을 짜 바로의 손에 드렸다고 말한다. 요셉은 사흘 안에 바로가 당신의 직분을 회복시켜 당신이 바로에게 잔을 드릴 것이라 말한다. 요셉은 술 맡은 관원장에게 당신이 잘되면 자기를 생각해 달라고 부탁한다. 자신은 억울하게 이곳에 끌려왔으며 옥에 갇힐 일도 하지 않았다고 말한다.

떡 굽는 관원장은 요셉의 해석이 좋은 것을 보고 요셉에게 꿈 이야기를 한다. 그는 떡 세 광주리가 머리 위에 있고 맨 위 광주리에 바로를 위해 만든 각종 구운 음식이 있어 새들이 광주리에서 먹더라고 말한다. 요셉은 떡 관원장에게 앞으로 사흘 안에 바로가 당신을 나무에 달아 새들이 당신의 고기를 뜯어 먹게 될 것이라 해석한다.

삼일 후 바로의 생일에 그는 모든 신하를 위해 잔치를 베풀고 감옥에 있는 두 관원장을 부른다. 바로는 술 맡은 관원장의 직분은 회복시켜 자신의 잔을 받들게 하였으나 떡 굽는 관원장은 요셉이 해석한 대로 나무에 매달았다. 술 맡은 관원장은 감옥에 있는 요셉을 기억하지 못하고 잊어버린다.

요셉은 감옥에서 하나님에 대한 믿음을 버리지 않고 인내하였다. 오히려 요셉은 하나님이 자신과 함께하고 있음을 확신하였다. 하나님은 신자들에게 더 큰 일을 맡기시기 전에 연단을 시킨다. 하나님이 소명을 주었다고 확신하는 사람은 낙심되는 상황에서도 흔들리지 않는 믿음을 드러낼 것이다.

그리스도인의 가정에는 여러 환란과 어려움이 있다. 때로는 하나님의 뜻을 따르기보다 쉬운 세상의 길을 따르라는 유혹도 온다. 어렵게 하나님의 뜻을 온전히 구하는 것 보다 세상과 타협하고 손을 잡는 것이 쉬울지 모른다. 하지만 하나님은 영원히 신실하며 뜻을 온전히 이루어간다. 그리스도인 가정은 요셉과 같이 하나님을 향해 신실한 믿음을 가지고 죄와 타협하거나 유혹에 넘어가면 안된다. 그러면 하나님의 때에 하나님은 우리 가정과 자녀들을 통해 영광을 받으실 것이다. 우리 가정은 어떠한가?

생각하기

1) 왜 애굽 왕의 두 관원장은 근심하고 있었나요?

2) 요셉은 은밀하고 비밀한 지식은 누가 알고 있다고 믿었나요?

3) 두 관원장의 꿈과 요셉의 꿈 해석은 무엇인가요?

4) 요셉은 감옥의 어렵고 힘든 상황에서도 어떤 태도와 자세를 가졌나요?

함께 기도하기

가정의 소명이 무엇인지 같이 이야기를 나누세요. 하나님은 더 큰일을 맡기기 위해 소명을 받은 가정에 연단이라는 어려움을 허락합니다. 가정이 어렵고 힘든 과정에서도 인내하며 믿음이 강해졌던 경험이 있다면 나누세요. 하나님이 허락한 우리 가정의 소명과 연단의 과정에서도 흔들리지 않는 믿음의 인내를 위해 같이 기도하세요.

창세기41:1-36

요셉이 바로에게 대답하여 이르되 내가 아니라 하나님께서 바로에게 편안한 대답을 하시리이다(창41:16)

53. 바로의 꿈을 푼 요셉

요셉이 바로의 꿈을 해석하다(Reginald Arthur, 1894)

요셉이 관원장들의 꿈을 해석한지 2년 후 바로 왕은 징조가 있는 꿈을 꾼다. 왕은 나일 강에서 아름다운 살진 일곱 암소가 풀을 먹고 있는데 흉하고 파리한 소가 살진 일곱 소를 잡아먹는 꿈을 꾼다. 다시 줄기에서 충실한 일곱 이삭이 나오고 후에 동풍에 마른 흉한 일곱 이삭이 나와 충실한 일곱 이삭을 삼키는 꿈을 꾸고 깨어난다. 바로는 징조 있는 꿈 때문에 고민한다. 그는 애굽의 현자와 점술가들을 불렀으나 꿈을 해석하지 못하였다. 그때 술 맡은 관원장이 과거에 자신의 꿈을 해석한 요셉을 생각하여 바로에게 천거한다. 바로는 옥에 사람을 보내 요셉을 데리고 와 꿈을 해석해 달라고 말한다. 요셉은 자신이 꿈을 해석하는 것이 아니라 하나님께서 바로에게 편안한 답을 할 것이라 말한다.

요셉은 하나님과 왕 앞에서 신뢰와 겸손을 보여준다. 관원장의 꿈을 해석한지 2년이 지난 후에도 요셉은 하나님에 대한 믿음과 겸손에서 한결같다. 바로는 요셉에게 자신의 꿈을 말해 준다. 요셉은 바로에게 두 꿈은 하나로 하나님께서 바로에게 행할 일을 보인 것이라 말한다. 요셉은 바로에게 일곱 좋은 암소와 이삭은 7년 풍년을 말하고 일곱 흉한 소와 마른 이삭은 7년 흉년을 의미한다 말한다. 또한 일곱 흉년은 너무 심해 애굽의 풍년을 기억하지 못하게 할 것이며 하나님은 이 일을 정해 속히 행할 것이라 해석한다.

요셉은 바로에게 명철하고 지혜로운 자를 택해 애굽 전역을 다스리게 하라고 권면한다. 또한 나라 안에 감독관을 두어 일곱 해 풍년의 모든 곡물 오분의 일을 거둬 바로의 손에 돌리고 양식을 위해 각 성읍에 쌓아 두도록 조언한다. 요셉은 풍년 때 곡물을 저장하여 일곱 해 흉년을 대비하면 이 땅이 흉년에 망하지 않을 것이라 말한다. 하나님은 온 세상의 주권자로서 모든 나라를 통치한다는 것을 요셉을 통해 바로에게 보여준다.

요셉은 하나님 앞에 겸손하였고 그의 믿음은 많은 연단과 인내로 깊어졌다. 그의 지혜와 명철은 하나님에게서 왔다. 바로의 꿈은 요셉을 통해 하나님의 구원적 섭리를 보여주는 것으로 야곱 가정의 구원과 위기의 순간에 세상과 애굽을 구원하기 위한 하나님의 섭리였다. 사람들이 하나님이 보여준 것을 믿고 준비하면 구원이 하나님께로부터 온다는 것을 알게 될 것이다. 요셉과 같이 겸손과 믿음으로 하나님을 신뢰한다면 그분의 섭리와 뜻을 알게 될 것이다.

생각하기

1) 바로가 꾼 두 가지 꿈은 무엇인가요?

2) 요셉은 바로 앞에서 무엇이라 말했나요?

3) 요셉은 바로의 꿈을 어떻게 해석했나요?

4) 요셉은 바로에게 어떻게 하라고 말했나요?

5) 하나님은 바로의 꿈과 요셉을 통해 어떤 계획을 가지고 있었나요?

함께 기도하기

가정에서 하나님을 끝까지 믿고 신뢰함으로 하나님의 섭리를 깨달은 경험을 나누세요. 하나님의 뜻과 섭리를 깨닫기 위해서는 믿음의 인내가 필요합니다. 우리를 향한 하나님의 뜻에 믿음의 인내가 어떻게 성장하는지 같이 나누고 믿음의 인내를 성장시킬 실천방안을 놓고 기도하세요.

창세기41:37-57

요셉에게 이르되 하나님이 이 모든 것을 네게 보이셨으니 너와 같이 명철하고 지혜 있는 자가 없도다 너는 내 집을 다스리라 내 백성이 다 네 명령에 복종하리니 내가 너보다 높은 것은 내 왕좌뿐이니라(창41:39 -40)

54. 애굽의 총리가 된 요셉

요셉 애굽에 정착하다(James Tissot, 1896-1902)

요셉이 바로 왕의 꿈을 해석하고 지혜로운 조언을 하자 왕과 신하들은 좋아한다. 바로는 신하들에게 이와 같이 하나님의 영에 감동된 사람을 우리가 찾을 수 없고 요셉과 같이 하나님이 함께하여 명철하고 지혜 있는 자는 없다고 선언한다. 바로는 요셉에게 너는 나라를 다스리며 내 백성은 너의 말에 복종할 것이라 하면서 요셉을 애굽 땅을 다스리는 총리로 세운다. 바로는 자기 인장 반지를 요셉의 손에 끼우며 세마포 옷을 입히고 금 사슬을 목에 걸어주면서 버금 수레에 태운다.

히브리 노예 소년인 요셉은 30세에 강대국 애굽 나라의 전국 총리가 된다. 그러나 요셉은 젊은 나이에 성공하여 권력을 가지지만 교만하지 않는다. 그는 오랜 고난과 연단을 통해 하나님의 신실한 종이 되었다. 자신에게 주어진 환경을 불평하지 않고 주어진 일에 신실하였던 요셉에게 하나님은 애굽 나라를 맡기셨다.

바로는 요셉에게 애굽 온 땅을 맡기면서 이름을 사브낫바네(하나님이 말씀하고 살아계시다)라 하고 온의 제사장 보디베라의 딸 아스낫을 아내로 삼게 한다. 요셉은 애굽의 온 땅을 순찰한다. 하나님이 요셉에게 보여주고 해석한 대로 애굽 땅에 일곱 해 풍년이 찾아왔고 곡식이 넘쳐났다. 요셉은 풍년인 7년 동안 넘치는 곡식을 걷어 들여 각 성에 저장하였다. 쌓아 둔 곡식은 셀 수 없었다. 흉년이 들기 전 요셉은 아스낫에게서 두 아들을 낳는다. 요셉은 장남 이름을 하나님이 내 모든 고난과 아버지 집의 일을 잊어버리게 하셨다는 의미로 므낫세(잊어버림)라 이름 지었다.

차남의 이름은 하나님이 내가 수고한 땅에서 번성하게 하였다는 뜻에서 에브라임(창성함)이라 짓는다. 요셉은 이방 나라에서 권력과 성공을 얻은 다음에도 두 아들의 이름을 통해 하나님에 대한 신앙과 믿음을 고백한다. 이제 애굽 땅에 풍년이 그치고 흉년이 찾아왔다. 요셉의 해석과 같이 흉년이 시작되어 각국에 기근이 있으나 애굽 땅에는 양식이 있었다. 그러나 애굽 땅의 백성도 굶주려 바로에게 양식을 구하니 바로는 요셉에게 가서 구하라 말한다. 온 땅의 기근으로 요셉은 창고를 열고 애굽 백성에게 양식을 판다. 각국의 백성들도 양식을 사려고 애굽으로 들어와 요셉에게 이른다.

요셉은 성실히 하나님이 보여준 것에 의무와 책임을 다한다. 요셉은 주어진 일에 충성을 다한다. 요셉이 보여준 자세는 모든 그리스도인이 닮을 자세요 태도이다. 고난이 왔을 때도 요셉은 믿음으로 인내했다. 성공과 평강이 왔을 때에도 요셉은 책임과 의무를 다한다. 어떠한 형편에서도 요셉은 한결 같다. 우리들의 가정은 어떠한가? 우리는 어떤 환경적 변화에도 하나님이 주신 소명과 응답 안에서 한결 같은가?

생각하기

1) 왜 바로는 요셉을 애굽 온 땅의 총리로 삼았을까요?

2) 요셉은 총리로 임명되고 나서 어떻게 일을 했나요?

3) 요셉의 두 아들 므낫세와 에브라임 이름의 뜻은 무엇인가요?

4) 요셉은 일곱 해 풍년과 흉년이 들었을 때 무엇을 했나요?

5) 요셉이 고난과 성공에도 변하지 않은 것은 무엇인가요?

함께 기도하기

가정은 하나님의 인도하심 안에서 고난과 어려움을 경험할 때 어떤 생각과 행동을 했나요? 또한 성공과 풍족함을 누릴 때는 어떻게 생각하고 행동했나요? 어떤 상황에서도 하나님을 향한 변하지 않는 믿음을 통해 하나님은 축복하십니다. 그리스도인의 가정이 환경이 변해도 변하지 말아야 할 것이 무엇인지 나누고 변하지 않는 것을 놓고 같이 기도하세요.

창세기42:1-38

그들이 서로 말하되 우리가 아우의 일로 말미암아 범죄하였도다 그가 우리에게 애걸할 때에 그 마음의 괴로움을 보고도 듣지 아니하였으므로 이 괴로움이 우리에게 임하도다(창42:21)

55. 요셉과 형들의 만남

요셉의 형제들이 돈을 발견하다(작자미상, 1897)

온 천하의 기근으로 야곱이 머무는 가나안에도 기근이 찾아왔다. 야곱은 자식들에게 애굽에 가서 곡식을 사오라 한다. 야곱은 열 아들을 곡식 사러 애굽으로 보내지만 베냐민은 보내지 않는다. 야곱은 베냐민을 사랑하여 요셉과 같이 재난을 받을까 두려워했다. 이스라엘의 아들들은 애굽에 가서 총리인 요셉에 이른다. 요셉을 알아보지 못하는 형들은 요셉에게 엎드린다.

요셉이 꿈에서 본 대로 이루어진다. 하나님의 계시와 섭리는 분명히 성취된다. 요셉은 형들인 줄 알고 엄한 소리로 문책한다. 요셉은 형들을 하나님 안에서 시험한다. 그는 형들을 이 땅에 정탐하러 들어온 첩자라고 몰아세운다. 야곱의 아들들은 자신들은 확실한 자들이며 한 아버지의 자녀들로 막내 아들은 아버지와 함께 있고 하나는 없어졌다고 말한다. 요셉은 그들에게 하나를 보내어 너희 막내 아들을 데려오게 하고 나머지는 감옥에 있어서 너희 말이 진실한지 시험할 것이라 한다. 요셉은 그들을 삼일 동안 가둬 둔다. 삼일 만에 요셉은 그들을 불러 자신은 하나님을 경외하니 그들 중 하나만 옥에 남고 나머지는 아버지의 집으로 양식을 가지고가 굶주림에서 구하고 막내 아우를 데려 오라 명령한다. 야곱의 아들들은 요셉에게 행한 죄악을 깨닫고 뉘우치기 시작한다. 요셉은 그들의 말을 듣고 감정이 격해지지만 참으면서 그들 중 시므온을 결박해 옥에 가두고 양식 안에 돈을 넣고 보낸다.

하나님의 구원 계획에 참여하는 사람들은 정직하며 신실해야 한다. 하나님은 요셉을 통해 야곱의 아들들의 믿음과 성품을 연단시킨다. 그들은 하나님이 계획하신 야곱 가정의 구원 역사에 동참해야 함으로 신실하고 정직해야 한다.

그들이 여관에서 짐을 풀어 본즉, 자루 속에 돈이 그대로 있음을 발견한다. 그들은 하나님 앞에서 양심이 찔림을 받는다. 집에 돌아와 야곱에게 애굽 일에 대해 자초지종을 이야기한다. 야곱과 아들들이 각각 짐을 풀어보니 양식 산 돈이 그대로 있음을 발견하고 두려워한다. 특히 야곱은 요셉을 잃고 이제는 시므온과 베냐민을 잃게 될까봐 걱정한다. 르우벤이 책임지고 베냐민을 데리고 오겠다고 맹세한다.

야곱의 아들들은 하나님 구원계획의 동참을 위해 정직과 성실의 시험을 통과해야만 했다. 우리 가정은 어떠한가? 우리 가정의 고난은 하나님의 구원계획에 동참하기 위한 믿음과 성품의 연단 과정 중에 있는 것이 아닌가?

생각하기

1) 왜 야곱은 애굽으로 양식을 사러 아들들을 보내지만 베냐민은 보내지 않았나요?

2) 왜 요셉은 자기 앞에 엎드린 형들을 강하게 문책했나요?

3) 야곱의 아들들이 애굽의 경험을 통해 깨닫는 것은 무엇인가요?

4) 왜 요셉은 그들의 곡식 자루에 다시 돈을 넣었을까요?

5) 야곱의 아들들이 하나님의 구원에 동참하기 위해 받아야 했던 연단은 무엇인가요?

함께 기도하기

고난의 인내를 통해 훈련된 경험이 있나요? 하나님이 우리 가정의 구원 계획을 이루시기 위해 고난을 통해 연단 받고 있는 믿음과 성품이 무엇인지 이야기를 나누세요. 가족 구성원이 고난을 통해 연단 받고 있는 믿음과 성품 영역에 대해 기도 제목을 나누고 함께 기도하세요.

창세기43:1-34

전능하신 하나님께서 그 사람 앞에서 너희에게 은혜를 베푸사 그 사람으로 너희 다른 형제와 베냐민을 돌려보내게 하시기를 원하노라 내가 자식을 잃게 되면 잃으리로다(창43:14)

56. 요셉 형들의 성숙

요셉과 형제들의 식사(작자미상, ?)

야곱이 살고 있는 땅에 다시 기근이 찾아 왔다. 야곱은 아들들에게 애굽으로 가서 양식을 조금 사오라 말한다. 유다는 베냐민이 함께 가지 않으면 애굽의 총리가 만나주지 않을 것이라 말한다. 유다는 베냐민을 보내려 하지 않는 야곱에게 동생을 우리와 함께 보내면 우리의 가족과 자녀들이 살고 자신이 베냐민을 데려오지 않는다면 영원히 죄책을 질거라 야곱을 설득한다.

야곱의 아들들은 변하였다. 시기와 질투로 동생 요셉을 팔았던 형들이 아니었다. 유다는 그들을 대표하여 베냐민을 책임지고 데리고 올 것을 약속한다. 이들은 하나님의 구원 계획에 동참하는데 적합한 모습으로 믿음 안에서 책임감과 신실함을 가진 인물들로 성장하였다.

야곱은 유다의 말을 듣고 결심하여 아들들에게 베냐민을 데리고 가고 이 땅의 아름다운 소산물로 예물을 준비하여 곡식 살 돈을 갑절로 가져가 그 사람을 만나라 말한다. 야곱은 전능한 하나님이 그 사람이 아들들에게 은혜를 베풀어 무사히 돌아올 수 있도록 기원한다. 내가 자식을 잃게 되면 잃으리라는 야곱의 고백은 편애적 사랑에 대한 포기의 고백이었다.

야곱의 아들들은 베냐민과 함께 애굽으로 간다. 요셉은 형들과 베냐민이 자기에게 오는 것을 보고 집에서 식사를 같이할 계획을 세운다. 요셉의 청지기가 형들을 집으로 안내하자 형들은 애굽의 총리가 자신들을 노예로 삼을까 두려워한다.

요셉의 형들은 집 청지기에게 곡식자루에 돈이 들어있어서 가져왔고 다시 곡식 살 돈도 가져 왔다고 말한다. 야곱의 아들들은 정직하게 대답한다. 요셉의 청지기는 하나님의 이름으로 요셉의 형들을 안심시킨다. 요셉이 정오에 집에 돌아오자 형들은 다시 요셉에게 엎드린다. 요셉은 형들에게 아버지의 안부를 묻고 베냐민을 향해 마음이 복받치지만 하나님의 이름으로 축복한다. 요셉은 정을 억제하면서 형들 앞에 나이에 따라 자리를 배정하고 음식을 차리게 한다. 요셉은 형들 앞에 음식을 차려주면서 베냐민에게는 다섯 배를 차려준다. 시기와 질투가 일어날 수 있는 상황이었지만 형들은 요셉과 함께 기뻐하며 즐거워한다.

그들은 이제 하나님의 인정을 받을 수 있을 정도로 진정한 형제애와 책임감, 정직, 신실함에 있어서 성숙함을 보여준다. 하나님의 인정을 받는 것은 때가 있다. 우리 가정은 하나님의 인정을 받을 수 있을 정도로 충분히 성숙하였는가?

생각하기

1) 유다는 아버지 야곱에게 어떻게 할 것이라 말했나요?

2) 야곱이 아들들을 보내면서 한 기도와 결심은 무엇인가요?

3) 야곱의 아들들은 요셉의 청지기에게 무엇이라 말했나요?

4) 요셉이 형들에게 자리를 배정하고 음식을 차리고 베냐민에게 다섯 배를 주었을 때 형들의 반응은 어떠했나요?

5) 야곱과 요셉의 형들은 하나님의 축복을 누릴 수 있는 모습을 어떻게 보여주나요?

함께 기도하기

가정이 하나님의 축복을 받기 위해 어떤 부분에서 연단을 받고 있으며 구체적으로 성숙해야 하는지를 가족 구성원들이 같이 나누세요. 하나님께 인정 받기 위해 성숙함이 필요한 영역에 대해 기도제목을 나누고 함께 기도하세요.

창세기44:1-34

유다가 말하되 우리가 내 주께 무슨 말을 하오리이까 무슨 설명을 하오리이까 우리가 어떻게 우리의 정직함을 나타내리이까 하나님이 종들의 죄악을 찾아내셨으니 우리와 이 잔이 발견된 자가 다 내 주의 노예가 되겠나이다(창44:16)

57. 유다의 탄원

요셉의 청지기가 베냐민의 자루에서 은잔을 발견하다
(Claes Corneliszoon Moeyaert, 1627)

형들은 요셉의 집에서 융숭한 대접을 받는다. 요셉의 형들은 진정한 형제애, 정직, 신실함에 있어서 성장하였다. 그러나 요셉은 하나님 안에서 마지막 시험을 통해 형들이 언약 공동체의 일원이 될 수 있는가를 테스트 한다. 요셉은 청지기에게 운반할 수 있을 만큼 양식을 싣고 돈도 자루에 넣는다. 그리고 베냐민 자루에는 자기 은잔을 넣으라 지시한다. 형들이 집으로 출발하고 얼마 있다가 요셉은 청지기에게 그들을 따라가 주인의 물건을 왜 도적질하였는지 말하도록한다. 청지기는 요셉의 지시대로 형들에게 묻자 형들은 억울함을 탄원한다. 그들은 그것이 누구에게 발견되든지 죽을 것이고 자신들은다 종이 될 것이라 말한다. 그들이 자신들의 짐을 풀어 보았을 때 베냐민의 자루에서 요셉의 은잔이 나온다. 그들은 옷을 찢고 다시 애굽으로 돌아온다. 형들이 요셉의 집에 이르러 그의 발 앞에 엎드렸을때, 요셉은 형들을 추궁한다.

형들을 대표해서 유다가 요셉에게 자신들의 억울함을 간절한 마음으로 탄원한다. 유다는 하나님이 자신들의 죄악을 찾아냈으며 죄의책임을 지고 요셉의 노예가 되겠다고 말한다. 요셉은 은잔이 발견된자만 종이 되고 나머지는 아버지께 돌아가라 말한다. 유다는 요셉에게 자신들의 사정을 이야기한다. 베냐민이 오지 않으면 애굽 총리인당신을 볼 수 없다는 것을 아버지에게 사정해 베냐민을 데리고 왔다고 말한다. 자기 아버지 야곱이 베냐민과 생명이 묶여 있어서 데려가지 않으면 아버지가 상심하여 죽을 것이고 자신이 베냐민을 아버지께 데려 오지 못하면 영원히 아버지께 죄를 짓게 되는 것이라고 고백한다. 유다는 요셉에게 자신을 종으로 삼고 베냐민은 형제들과 함께 보내 아버지를 살게 해달라고 탄원한다. 유다는 편애 받는 베냐민과 야곱의 생명을 걱정하면서 자신은 희생되어도 아버지와 형제 살리기를 원한다.

유다를 대표하여 요셉의 형들은 하나님 언약의 공동체를 이룰 수 있을 만큼 성숙하였다. 하나님은 언약 공동체를 위해 시험에는 끝이 있도록 하였다. 그리스도인 가정의 시험과 테스트에도 끝이 있다. 하나님의 언약을 감당할 정도로 믿음과 인격이 성숙하여 하나님의 인정을 받으면 테스트는 끝난다. 우리 가정은 어떠한가? 테스트가 시작 됐는가? 진행형인가? 아니면 끝났는가?

생각하기

1) 왜 요셉은 은잔을 베냐민 가방에 넣었을까요?

2) 형들을 대표해 유다는 자신들이 이렇게 된 것은 무엇 때문이라고 고백 하나요?

3) 유다는 요셉에게 무엇을 말하나요?

4) 유다와 요셉의 형들은 어떤 모습으로 변화되었나요?

함께 기도하기

하나님의 테스트에는 시작과 끝이 있습 니다. 하나님의 언약 공동체인 우리는 성 숙을 위해 주신 테스트를 시작하는 단계 입니까? 아니면 아직 진행 중입니까? 거 의 끝나가고 있습니까? 끝나서 언약 공동 체의 축복을 누리고 있습니까? 가족이 이 야기를 나누고 하나님의 테스트를 통해 믿음과 인격이 성숙될 수 있도록 함께 기 도하세요.

창세기45:1-28

당신들이 나를 이곳에서 팔았다고 해서 근심하지 마소서 한탄하지 마소서 하나님이 생명을 구원하시려고 나를 당신들보다 먼저 보내셨나이다(창45:5)

58. 정체를 밝힌 요셉

요셉이 형제들에게 자신을 밝히다(Peter von Cornelius, 1816-1817)

요셉은 유다의 진실한 고백과 희생 앞에 감정을 주체하지 못한다. 그는 시종들을 향해 나가라 하고 형제들에게 자신을 알린다. 요셉은 형들에게 자신을 알리면서 아버지의 안부를 묻는다. 요셉은 놀라는 형들을 가까이 불러 자신을 애굽에 팔았다고 근심하거나 한탄하지 말라고 위로한다. 하나님은 생명을 구원하기 위해 자신을 애굽으로 보내어 큰 구원을 이루고 우리의 후손을 살리려고 이 일을 행하였다 말한다. 요셉은 자신을 보낸 사람은 하나님이며 자신을 바로의 아버지로 삼고 애굽 땅의 통치자로 세웠다고 말한다.

요셉은 하나님이 땅의 모든 생명을 주권적으로 보존하시는 분임을 고난과 인내를 통해 깨달았다. 그는 형들의 악행도 하나님은 생명을 살리는 계획을 이루기 위해 사용하는 분으로 이해했다. 그래서 요셉은 진정으로 형들을 용서한다. 하나님의 주권적 섭리를 이해한 하나님의 사람은 다른 사람들을 용서 할 수 있는 힘을 가진다. 하나님의 섭리를 깨달은 사람은 복수와 고통에 빠지지 않고 진정으로 용서 할 수 있다. 여기서 참된 치유의 역사가 일어난다. 요셉은 형들과 원수가 될 수 있었던 상황을 하나님의 주권적 섭리를 깨달음으로 소망과 기쁨, 용서와 화해의 장으로 만들었다.

요셉은 형들에게 가나안 땅으로 가서 아버지께 속한 모든 사람을 애굽으로 데려 오라 말한다. 요셉의 형들이 왔다는 소식이 애굽 왕의 귀에 들어간다. 바로와 신하들은 요셉에게 가족들을 데리고 오면 애굽 땅의 좋은 것을 줄 거라 말한다. 바로는 요셉의 형들에게 길 양식과 옷, 애굽의 아름다운 물품과 양식을 주어 가나안 땅으로 보낸다.

요셉의 형들은 가나안에 도착하여 야곱에게 요셉이 아직까지 살아있으며 애굽 땅 총리가 되었다고 말한다. 야곱은 그들의 말을 의심하지만 요셉이 자기를 태우려고 보낸 수레를 보고 삶의 소망을 가진다. 이스라엘은 아들 요셉이 지금까지 살아있고 죽기 전에 요셉을 만나니 만족한다고 고백한다.

가정을 향한 하나님의 주권적 섭리를 깨달은 그리스도인의 가정은 용서와 화해, 치유의 역사가 일어나는 공간이 된다. 우리의 죄 된 본성과 세상의 악으로 말미암아 받은 가정 안의 상처, 고통, 원한은 오직 선택함을 받은 하나님의 가정이 하나님의 주권적 섭리를 깨달을 때만 참된 용서와 치유가 가족들 사이에서 일어난다. 우리의 가정은 하나님의 섭리를 알아 치유를 경험하거나 치유되고 있는가?

생각하기

1) 요셉은 왜 감정을 억제하지 못했나요?

2) 요셉이 애굽에서 고난을 당하면서 깨달은 것은 무엇인가요?

3) 요셉이 형들을 용서한 힘의 근원은 무엇인가요?

4) 요셉은 애굽으로 가족을 데려오기 위해 무엇을 준비했나요?

5) 야곱 가정을 향한 하나님의 계획은 무엇인가요?

함께 기도하기

가정이 세상에서 받은 상처, 아픔, 관계의 고통은 그리스도인의 가정이 된 순간부터 하나님의 주권적 섭리가 다스리는 도구가 됩니다. 우리 가정을 향한 하나님의 놀라운 섭리가 무엇인지 이야기를 나누세요. 하나님의 주권적 섭리 안에서 상처, 아픔, 관계의 고통을 통해 우리가 감당해야 할 부분이 무엇인지 기도제목을 나누고 같이 기도하세요.

창세기46:1-34

하나님이 이르시되 나는 하나님이라 네 아버지의 하나님이니 애굽으로 내려가기를 두려워하지 말라 내가 거기서 너로 큰 민족을 이루게 하리라(창46:3)

59. 야곱의 애굽 여행

야곱의 애굽 여행(Giovanni Benedetto Castiglione, ?)

이스라엘은 가나안을 떠나기로 결정한다. 사랑하는 아들 요셉이 애굽에서 자신과 가족들을 초청했기 때문이다. 그러나 이스라엘의 마음 한편에는 두려움이 있었다. 가나안 땅은 조상의 하나님 즉, 아브라함과 이삭의 하나님이 주신 언약의 땅이기 때문이다. 이스라엘은 브엘세바에서 하나님께 희생 예물을 드리고 예배한다. 이때 하나님은 이스라엘의 꿈에 나타나 야곱을 부른다. 하나님은 자신을 아브라함과 이삭의 하나님으로 말씀하면서 애굽에 내려가는 것을 두려워하지 말라 한다. 하나님은 야곱에게 애굽에서 큰 민족을 이루게 하고 너와 함께 하겠으며 반드시 이스라엘을 인도하여 가나안 땅으로 오겠다고 말씀한다. 또한 요셉이 너의 눈을 감겨 줄 것이라 말한다.

하나님의 말씀은 변치 않고 신실하다. 하나님이 한다면 그렇게 된다. 야곱은 하나님의 말씀에 많은 위로와 격려를 받는다. 하나님은 말씀과 언약을 통해 뜻을 이루실 뿐만 아니라 하나님의 사람에게 적절한 용기와 위로를 준다. 야곱은 브엘세바를 떠날 때 자신에게 속한 모든 처자, 손자, 손녀, 가축, 재산을 이끌고 애굽으로 내려간다. 애굽으로 내려간 야곱 자손과 가족은 모두 70명이었다. 70명의 이름으로부터 이스라엘은 민족으로 성장할 것이다.

70이라는 숫자는 이스라엘에게 중요한 숫자이다. 열국의 목록(창 10장)에 나오는 70민족과 일치하며 모세는 열방의 경계가 이스라엘 자손의 숫자에 맞추어져 있다고 말한다(Allen P. Ross, 1988). 이것은 이스라엘 민족을 통해 모든 열방이 하나님의 언약을 통해 구원 받게 될 것을 보여준다.

야곱은 유다를 고센으로 인도하게 하여 정착한다. 요셉은 고센에서 아버지 야곱을 만난다. 야곱과 요셉은 23년 만에 만나 감격의 포옹을 나눈다. 이스라엘은 요셉이 지금까지 살아있고 얼굴을 보았으니 죽어도 여한이 없다고 말한다. 요셉은 형들에게 바로에게 가면 우리는 다 목축하는 자로 선조 때부터 목자의 직업을 가졌다고 말하게 당부한다.

요셉은 애굽 사람들이 목축을 가증하게 여긴다는 것을 알고 고센 땅에 야곱 가정이 정착하여 살게 할 계획을 세운다. 이유는 야곱 가정이 애굽의 우상에 물들지 않고 순수한 믿음과 하나님의 언약을 지키며 살아가도록 하기 위한 배려일 것이다. 요셉은 이스라엘 민족을 이끌어갈 영적 지도자로 성장해 있었다.

믿음의 고난과 연단은 우리를 성장시킨다. 하나님은 고난을 통해 우리를 원하는 그릇으로 만들어간다. 이러한 믿음의 연단은 성숙한 그리스도인 가정이 되도록 한다. 강해지고 성숙하면 할수록 연약한 다른 그리스도인 가정을 돕고 섬기는 능력도 성장한다. 요셉과 같이 말이다.

생각하기

1) 하나님은 야곱에게 무엇을 약속하였나요?

2) 하나님의 약속을 들었을 때 야곱의 마음은 어떠했나요?

3) 요셉이 아버지 야곱을 만났을 때 마음이 어떠했나요?

4) 왜 요셉은 바로 왕에게 형제들을 목자로 소개하여 고센 땅에 살도록 계획을 세웠나요?

함께 기도하기

가족이 하나님의 말씀과 뜻을 실천하는데 두려웠던 적은 없나요? 두려움을 이기고 하나님의 뜻을 행했을 때 결과는 어떠했나요? 하나님은 우리가 주님을 위한 선택과 결정을 할 때 감당할 수 있도록 힘을 주십니다. 가정에서 선택과 결정을 앞둔 일이 있다면 하나님이 기뻐하는 뜻인지 분별하고 주님의 도움을 위해 같이 기도하세요.

창세기47:1-26

야곱이 바로에게 아뢰되 내 나그네 길의 세월이 백삼십 년이니이다
내 나이가 얼마 못 되니 우리 조상의 나그네 길의 연조에 미치지 못하나
험악한 세월을 보내었나이다 하고(창47:9)

60. 요셉의 지혜

야곱이 바로 왕을 축복함(작자미상, ?)

요셉은 자신의 가족들을 고센 땅에 머무르게 하고 형 다섯을 택하여 바로에게 보낸다. 바로가 요셉의 형들에게 생업이 무엇이냐고 묻자 요셉의 형들은 선조 때부터 목축을 하였고 가나안 땅에 기근이 들어 양떼를 칠 곳이 없어 애굽에 왔으니 고센에 머물게 해달라 말한다. 형들은 고센 땅에 머물게 해달라고 하는 요셉의 조언을 따른다. 바로는 요셉에게 아버지와 가족이 애굽의 좋은 땅 고센에 머무르고 요셉의 형들 중에 능력 있는 자가 자신의 가축을 관리하라 말한다. 요셉은 바로 앞으로 야곱을 인도한다. 야곱은 바로에게 축복한다. 바로가 야곱의 나이를 물으니 야곱은 조상들의 나그네 길보다 못하지만 험악한 세월 130년을 보냈다고 말한다.

야곱은 험난한 삶을 살아오면서 연단을 받았고 이방 왕 바로를 하나님의 이름으로 축복할 수 있는 역량을 가지게 되었다. 이기적이며 욕심 많았던 야곱은 이제 언약 백성의 수장으로 이방에 하나님의 축복을 가져다 주는 족장이 되었다. 요셉은 아버지와 형들에게 애굽의 좋은 땅 라암셋(고센)에 머무르게 하고 먹을 것을 주면서 봉양한다.

애굽과 가나안 땅에 기근은 더욱 심해진다. 요셉은 곡식을 팔아 애굽과 가나안 땅의 돈을 거두어 바로 앞으로 가져간다. 애굽과 가나안 백성들은 돈이 다 떨어지자 요셉에게 와서 가축을 곡식으로 바꾸어 달라고 청하고 요셉은 바꾸어 준다. 새해가 되자 백성들은 요셉에게 와서 곡식이 다 떨어졌으니 자신과 토지를 곡식으로 사달라고 간청한다. 요셉은 애굽의 모든 토지를 사서 바로에게 바친다. 애굽의 모든 토지가 바로의 소유가 된다.

하나님의 축복은 야곱과 요셉을 통해 바로의 궁에 임한다. 요셉은 애굽의 토지법을 단행한다. 요셉은 모든 토지가 바로의 것이 되었으므로 토지 농사의 오 분의 일을 바로에게 바치고 나머지로 백성들의 종자와 양식을 삼으라 선포한다. 애굽 백성들은 요셉의 말을 기쁘게 받아들인다. 그들은 요셉을 주(구원자)라 하면서 자신들이 은혜를 받았으므로 바로의 종이 되겠다고 자청한다.

요셉의 지혜는 이스라엘이 애굽에서 큰 민족을 이루는 사백년의 터를 닦는 사역이었다. 하나님의 지혜는 요셉의 연단과 인내를 통해 이스라엘이 하나의 민족을 이루고 구속사를 완성시켜 나가는데 중요한 사람으로 준비시킨 것이다. 이스라엘은 애굽의 고센에서 강해질 것이다.

요셉은 하나님 앞에서 지혜로운 사람이었다. 요셉의 지혜는 하나님의 언약적 뜻과 섭리에 기반을 두고 있었다. 그의 지혜는 하나님의 뜻을 따르는 지혜였으며 야곱의 가족, 애굽, 가나안 백성을 살리는 지혜였다. 하나님의 뜻을 따름이 지혜의 근본이 된다. 우리 가정은 어떠한가?

생각하기

1) 요셉의 형들이 바로에게 목자로 소개하면서 고센에 머물게 해달라는 이유가 무엇인가요?

2) 야곱은 바로 앞에서 어떻게 행동했나요?

3) 야곱은 어떻게 변화된 사람이 되었나요?

4) 요셉은 기근이 들었을 때 어떻게 행동하였나요? 그 결과는 무엇인가요?

5) 요셉을 통해 알 수 있는 하나님이 인정하는 지혜는 무엇일까요?

함께 기도하기

하나님의 뜻과 섭리는 미래 지향적입니다. 요셉은 하나님의 뜻과 섭리를 아는 지혜로운 사람입니다. 오랜 연단과 인내를 통해 하나님의 뜻을 알아 자신의 가정과 나라와 이방을 살렸습니다. 그리스도인 가정에는 하나님의 뜻이 있습니다. 가정을 향한 하나님의 뜻이 무엇인지를 같이 나누세요. 하나님의 뜻을 실천할 수 있는 방법을 나누고 감당할 수 있는 지혜를 구하세요.

창세기47:27-48:22

　　나를 모든 환난에서 건지신 여호와의 사자께서 이 아이들에게 복을
주시오며 이들로 내 이름과 내 조상 아브라함과 이삭의 이름으로 칭하게
하시오며 이들이 세상에서 번식되게 하시기를 원하나이다(창48:16)

61. 요셉 아들을 축복한 야곱

야곱이 요셉의 아들들을 축복하다(Rembrandt, 1656)

이스라엘 민족은 고센 땅에 정착한다. 야곱은 이곳에서 십칠 년을 보낸다. 이스라엘은 죽음이 가까이 온 것을 알고 요셉을 불러 인애와 성실함으로 자신이 죽으면 애굽에 장사하지 말고 아브라함과 이삭이 묻혀있는 조상의 묘지에 장사하도록 맹세하게 한다. 야곱은 침상 머리에서 하나님께 경배한다.

야곱은 자신을 인도하고 조상들과 자신에게 말씀한 하나님의 언약을 끝까지 의지한다. 늙은 야곱에게 애굽의 고센은 안주할 곳이 아니라 순례의 땅이었다. 나이든 야곱은 하나님이 아브라함의 자손에게 주실 것이라는 언약의 땅 가나안을 믿음으로 바라고 있었다. 이 일 후에 야곱이 병들었다는 소식이 요셉의 귀에 들어간다. 요셉은 두 아들 므낫세, 에브라임과 함께 야곱을 찾아간다. 야곱은 요셉과 그의 아들들이 왔다는 소식에 침상에 앉아 하나님의 언약을 기억하면서 요셉이 낳은 두 아들 므낫세와 에브라임을 자신의 아들 즉, 양자로 받아들인다. 또한 에브라임과 므낫세는 르우벤과 시므온처럼 될 것이라 하면서 요셉의 두 아들이 이스라엘의 장자와 차자의 역할을 할 것임을 암시한다. 요셉 가문이 이스라엘의 장자 가문이 되었음을 보여준다. 야곱은 이들 후의 소생이 요셉의 자녀가 되어 형들의 이름으로 유업을 받을 것이라 말한다.

이스라엘은 요셉의 두 아들을 앞으로 오게 하여 축복한다. 이스라엘의 눈이 어두워 보지 못하자 요셉은 두 아들을 이끌어 아버지 앞으로 간다. 이스라엘은 그들을 무릎 사이에 두고 끌어안고 축복한다. 요셉은 에브라임이 이스라엘의 왼손을 향하게 하고 므낫세는 이스라엘의 오른손을 향하게 하여 나갈 때 이스라엘은 오른손으로 에브라임을 왼손으로는 므낫세의 머리에 손을 교차하여 얹고 축복한다. 이스라엘은 요셉을 위해 자신을 보호하여 기르고 모든 환란에서 건지신 하나님의 이름으로 축복한다. 요셉이 아버지 야곱이 손을 교차하여 얹고 축복하는 것을 불편해하자 이스라엘은 차자 에브라임이 하나님께 더 크게 될 것이라고 믿음으로 축복한다.

하나님의 인도하심과 섭리는 인간의 전통과 문화적 관습보다 앞선다. 이스라엘은 하나님이 주신 믿음으로 에브라임을 더 앞세운다. 이스라엘은 마지막으로 자신은 죽지만 하나님은 너희를 조상의 땅으로 들어가게 할 것이라 하면서 자신이 싸워서 얻은 땅 세겜을 요셉에게 준다고 말한다.

가정에서 믿음은 다음세대로 이어져야 한다. 부모가 믿음을 자녀에게 전수하려면 어떻게 해야 하는가? 부모는 먼저 삶 속에서 믿음의 모델이 되어야 한다. 부모의 언행이 말씀 안에서 일치되어야 하고 주의 교훈과 훈계로 양육하되 자녀가 성장함에 따라 믿음의 전수 방법도 달리하면서 본을 보여야 한다. 부모는 삶의 전 영역에서 최선을 다하고 하나님을 온전히 신뢰해야 한다. 우리의 본을 통해 하나님의 성령님이 임하면 자녀에게 믿음은 전수된다. 이것이 부모가 자녀에게 줄 수 있는 최고의 선물이다.

생각하기

1) 왜 야곱은 요셉을 불러 자신이 죽으면 조상의 묘지에 장사하라 맹세시 켰나요?

2) 왜 야곱은 요셉의 두 아들을 양자로 삼았을까요?

3) 왜 야곱은 므낫세의 동생 에브라임을 더 축복하였나요?

4) 이스라엘이 나이 들어 늙을 때까지 가장 중요하게 여긴 것은 무엇일까 요?

5) 요셉의 가문은 어떤 축복을 받았나요?

함께 기도하기

야곱은 한 가정의 족장과 연장자로 하 나님의 언약에 대한 믿음을 요셉 가문을 통해 전달합니다. 우리 가정에서 가장 중 요하게 여기는 것이 무엇인지 같이 이야 기해 보세요. 하나님 언약에 대한 믿음의 전수가 어떻게 이루어지는가를 이야기 하 고 믿음 전수를 위해 하나님께 지혜를 구 하세요.

창세기49:1-33

규가 유다를 떠나지 아니하며 통치자의 지팡이가 그 발 사이에서 떠나지 아니하기를 실로가 오시기까지 이르리니 그에게 모든 백성이 복종하리로다(창49:10)

62. 아들들을 축복한 야곱

야곱이 아들들을 축복함(작자미상, 1909)

야곱은 죽을 날이 다가오자 아들들을 불러 모은다. 하나님 언약의 수혜자이자 족장으로서 아들들을 축복하기 원한다. 야곱의 축복은 하나님 언약의 당사자로 예언적이며 하나님의 축복과도 연결되어 있었다. 야곱은 자신의 장자인 르우벤을 부른다. 야곱은 르우벤에게 자신의 능력과 기력의 시작으로 위풍이 당당하고 권능이 탁월하지만 물의 끓음 같아서 탁월하지 못할 것이라 말한다. 그는 장자의 권리를 탐하여 아버지의 침상에 오른 일로 장자의 권리를 잃어버렸다. 또한 시므온과 레위는 야곱의 딸 디나의 일로 하몰과 세겜 일가를 학살하였다. 이 일로 야곱은 시므온과 레위는 야곱 족속과 이스라엘 중에서 흩어질 것이라는 저주를 예언함으로 이들에게 장자권이 돌아가지 못하게 하였다.

이스라엘의 장자권은 유다로 돌아간다. 유다는 아버지 야곱과 요셉에게 형제 사랑에 대한 희생이 무엇인지를 보여주었다. 야곱은 유다에게 사자와 같아서 규(왕권을 상징)와 통치자의 지팡이가 유다 가문을 떠나지 않고 실로(평화를 가져 오는 자)가 오기까지 이르러 모든 백성이 복종할 것이라 예언한다. 실로는 유다 가문으로 오신 영원한 평화의 왕 예수 그리스도를 의미한다.

스불론은 해변에 거주하고 잇사갈은 건장한 나귀로 짐을 메고 압제 아래서 섬길 것이라 말한다. 단은 백성을 심판하며 독사와 같이 예상 외로 큰 적을 물리칠 것이라 예언한다. 갓은 군대의 추격을 받으나 오히려 반격할 것이고 아셀은 비옥하여 많은 것을 생산하고 풍성한 진상품을 왕에게 바칠 것이라 말한다. 납달리는 자유로운 산악 백성이 될 것임을 암사슴으로 묘사하여 말한다. 요셉은 무성한 가지로 팔에 힘이 있어 대적을 물리치고 하나님의 복을 받아 위로 하늘의 복, 아래로 깊은 샘의 복, 젖먹이는 복, 태의 복을 받을 것임을 예언한다.

하나님은 요셉과 같이 장자가 아니더라도 하나님을 의지하며 인내로 핍박과 압제를 견디는 이들에게 궁극적인 영적인 장자로서의 축복과 승리를 주시는 분임을 야곱의 자녀 축복을 통해 보여준다. 베냐민은 이리로 묘사되면서 빼앗고 나누는 자로 예언된다. 야곱은 자신의 아들을 분량대로 축복하면서 자신이 죽으면 아브라함이 헷 사람에게 산 에브론의 밭에 조상과 함께 장사해 달라 유언한다. 야곱의 마음은 죽으면서도 하나님이 주신 가나안의 언약을 붙잡고 있었다.

생각하기

1) 르우벤은 이스라엘의 장자인데도 왜 장자권을 얻지 못했나요?

2) 이스라엘의 장자권은 왜 유다에게로 갔나요? 유다가 받은 축복은 무엇인가요?

3) 요셉이 받은 축복은 무엇인가요?

4) 왜 야곱은 자신이 죽으면 조상의 묘지에 장사해 달라고 아들에게 유언했을까요?

함께 기도하기

일가친척 중에 죽어 장사된 분이 있나요? 그때 느낌이 어떠했나요? 야곱은 죽으면서 집안의 족장으로 아들들을 축복하고 조상의 묘에 장사해 달라고 부탁합니다. 그는 마지막까지 하나님의 언약을 붙들었습니다. 만일 내가 죽는다면 나의 마지막 유언은 어떤 말일까요? 가족과 같이 유언의 말을 나누고 주변 사람들에게 하나님의 축복을 전하는 죽음에 대해 나누고 같이 기도하세요.

창세기50:1-26

요셉이 그들에게 이르되 두려워하지 마소서 내가 하나님을 대신하
리이까 당신들은 나를 해하려 하였으나 하나님은 그것을 선으로 바꾸사
오늘과 같이 많은 백성의 생명을 구원하게 하시려 하셨나니(창50:19-
20)

63. 야곱과 요셉의 죽음

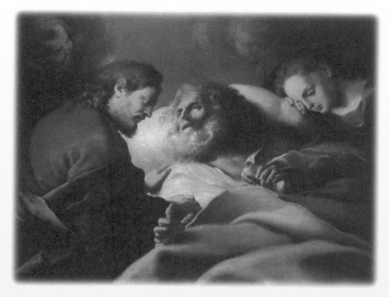

요셉의 죽음(Alonso Cano, 17세기)

야곱은 아들들을 불러 예언과 축복하기를 마친 후 죽는다. 파란만장한 야곱의 삶은 자신을 아브라함이 가나안 땅에 산 막벨라 굴인 선조들이 있는 매장지에 장사하라고 유언한다. 야곱은 죽는 순간에도 하나님의 언약을 의지하고 있었다. 요셉은 야곱의 장례를 위해 40일 동안 준비하고 애굽 사람들은 70일 동안 애곡한다. 이는 야곱의 죽음이 바로의 죽음(72일을 곡함)과 거의 같았음을 의미한다. 요셉은 바로에게 아버지 장사를 위해 가나안 땅에 갔다 올 것을 요구한다. 바로는 허락하고 요셉은 온 가족들을 데리고 가나안 땅에 아버지를 장사하기 위해 떠난다. 바로의 모든 신하, 원로들도 같이 따라간다. 야곱의 아들들은 아버지를 가나안 땅으로 메어다가 마므레 앞 막벨라 밭 굴에 장사한다. 이곳은 아브라함이 하나님의 언약을 의지하면서 값을 주고 산 곳으로 아브라함, 이삭이 매장된 장소이다.

이곳은 족장들이 믿음의 약속을 받지 못했지만 하나님 언약의 믿음을 죽음으로 증거하는 곳이다. 이들은 약속을 따라 살고 죽었지만 아직 유업을 얻지 못하고 영원한 언약의 소망을 붙잡고 죽음으로 믿음의 증거를 가진 족장들이다. 요셉과 형제들은 아버지를 장사하고 애굽으로 돌아온다. 형들은 요셉이 자신들을 미워하여 모든 악을 다 갚을까 두려워 한다. 형들은 요셉에게 가서 자신들을 용서해 달라고 매달린다.

요셉은 형들이 아직도 하나님의 계획과 섭리를 이해하지 못하고 자신을 두려워 하고 있다는 것에 슬퍼한다. 요셉은 그들을 간곡한 말로 위로한다. 당신들은 나를 해하려 했지만 하나님은 그것을 선으로 바꾸어 많은 백성의 생명을 구원하도록 하였으니 자기가 형들과 자녀들을 돌볼 것이라 위로한다. 요셉은 하나님의 계획하심이 악을 통해서도 이루어지게 된다는 것을 깨닫고 형들을 용서하고 위로한다. 요셉은 형제들과 애굽에서 110세를 산다. 요셉은 형제들에게 나는 죽지만 하나님은 당신들을 이 땅에서 인도하여 약속의 땅, 아브라함과 이삭과 야곱에게 주신 땅에 이를 것이라 말한다. 요셉은 이스라엘 자손에게 맹세시키면서 하나님이 너희를 여기서 나가게 할 때 자신의 해골도 매고 나갈 것을 유언한다.

　요셉은 애굽에서 죽었지만 마음은 하나님이 주신 언약의 땅 가나안 에 있었다. 그도 족장들처럼 본향을 찾는 믿음의 순례자로 하나님의 언약을 따라가는 사람이었다. 그리스도인 가정도 이 땅에서는 순례자이다. 순례자는 본향을 찾는 사람들이다. 이 세상은 정착할 곳이 아니기 때문에 그리스도인 가정은 이 땅에 안주해서는 안된다. 우리의 자녀가 이 땅에 속한 것을 인생의 우선순위가 되면 안된다. 먼저 부모가 하나님의 나라와 의를 구하는 삶을 살아야 한다. 이 세상에 속한 것을 구하지 말고 본향을 구하자. 우리의 시민권은 하늘에 있다.

생각하기

1) 왜 요셉은 야곱을 가나안 땅 막벨라 굴에 장사하려 했나요?

2) 왜 요셉의 형들은 요셉을 두려워 했나요?

3) 요셉은 형들을 용서하고 위로하는데 무엇을 깨달은 걸까요?

4) 요셉은 무엇을 소망하고 죽었나요?

5) 왜 요셉은 자신의 해골을 가나안 땅에 묻게 해달라고 유언했나요?

함께 기도하기

그리스도인 가정은 하나님이 선택하신 언약 가정입니다. 가정을 향하신 하나님의 언약이 무엇인지 이야기해 보세요. 야곱과 요셉이 하나님의 언약을 믿는 증거를 가졌듯이 우리는 하나님이 주신 약속들에 대해 어떤 증거를 가지고 있는지 나누세요. 그리고 끝까지 믿음의 증거를 가지고 인내하게 해달라고 함께 기도하세요.

| 성화 작가 |

Bartolo di Fredi (1330 ‒ 1410), p87.

Giovanni di Paolo (1403 ‒ 1482), p11.

Giovanni Bellini (1430 ‒ 1516), p63.

Michelangelo (1475 ‒ 1564), p19, 27, 31.

Palma Vecchio (1480 ‒ 1528), p171.

Raphael (1483 ‒ 1520), p155, 203.

Jacopo Bassano (1510 - 1592), p47.

Il Tintoretto (1518 - 1594), p15, 35, 207.

Hendrick van Cleve III (1525 - 1595), p67.

Pieter Bruegel (1525 ‒ 1569), p71.

Maarten de Vos (1532 ‒ 1603), p39.

Orazio Lomi Gentileschi (1563 ‒ 1639), p119.

Jan Brueghel il Vecchio (1568 ‒ 1625), p51.

Guido Reni (1575 ‒ 1642), p211.

Peter Paul Rubens (1577 ‒ 1640), p91.

Pieter Lastman (1583‒1633), p79, 99.

Hendrick ter Brugghen (1588 ‒ 1629), p151.

Claes Corneliszoon Moeyaert (1592 - 1655), p235.

Nicolas Poussin (1594 - 1665), p143.

Alonso Cano (1601 - 1667), p259.

Rembrandt (1606 - 1669), p103, 107, 135, 187, 251.

Giovanni Benedetto Castiglione (1609 - 1664), p243.

Raffaellino Bottalla (1613 - 1644), p191.

Govert Flinck (1615 - 1660), p163.

Salvator Rosa (1615 - 1673), p167.

Sebastien Bourdon (1616 - 1671), p183.

Murillo (1617 - 1682), p179.

Nicolaes Berchem (1620 - 1683), p131.

Johann Heinrich Roos (1631 - 1685), p123.

Martin David (1639 - 1721), p195.

Gerard Hoet (1648 - 1733), p43.

Benjamin West (1738 - 1820), p55, 147.

Wenzel Peter (1745 - 1829), p23.

Joseph Anton Koch (1768 - 1839), p59.

Peter von Cornelius (1784 - 1867), p239.

Friedrich Wilhelm (1788 - 1862), p215.

John Martin (1789 - 1854), p115.

Julius Schnorr von Carolsfeld (1794 - 1872), p95.

Gustav Ferdinand Metz (1817 - 1853), p199.

James Tissot (1836 - 1902), p75, 223.

Marie Spartali Stillman (1844 - 1927), p175.

Giovanni Muzzioli (1854 - 1894), p83.

Reginald Arthur (1871 - 1934), p219.

Tom Lovell (1909 - 1997), p139.

| 자료 출처 |

Ross Allen P. 김창동 역. 『창조와 축복』. 서울: 디모데, 2007.

http://allposters.com

https://americangallery.wordpress.com

http://artbible.info

http://artcyclopedia.com

http://arthermitage.org

http://britishmuseum.org

http://casa-in-italia.com

https://colourbox.com

https://commons.wikimedia.org

http://doctorwoodhead.com

https://en.wikipedia.org

http://fineartamerica.com

http://fineart-china.com

https://kr.pinterest.com

http://lavistachurchofchrist.org

http://meadowsmuseumdallas.org

https://passagebreakbyjerry.wordpress.com

http://peterpaulrubens.org

http://pitts.emory.edu

http://rijksmastersofthegoldenage.com

http://russ-ramsey.com

http://static.newworldencyclopedia.org

http://thejewishmuseum.org

http://tuttartpitturasculturapoesiamusica.com

http://venicemuseumguide.com

https://wikiart.org

http://wikioo.org

http://wikiwand.com